I0003471

Dr. Holger Schwichtenberg

C# 7.2 Crashkurs

Die Syntax der Programmiersprache C#
für die Softwareentwicklung
in .NET Framework, .NET Core und Xamarin

```
83   //alt (seit .NET 4.0) Tupel sind Reference Types im Heap
84   Tuple<int, string, bool> dozent =
85       new Tuple<int, string, bool>(1, "Holger Schwichtenberg", true);
86   Console.WriteLine($"Dozent mit der ID{dozent.Item1}: {dozent.Item2} {(dozent.Item3 ?
     "ist ein .NET-Experte" : "ist kein .NET-Experte.")}!");
87   Console.WriteLine(dozent.Item2);
88   Console.WriteLine(dozent.Item3);
89
90   // neu: Eingebaute C#-Tupel sind Value Types (System.ValueTuple)!!!
91   // Erfordert bei .NET < 4.7: https://packages.nuget.org/packages/System.ValueTuple
92   var dozent2 = (1, "Holger Schwichtenberg", true); // Tupeldeklaration!
93   Console.WriteLine($"Dozent mit der ID{dozent2.Item1}: {dozent2.Item2}
     {(dozent2.Item3 ? "ist ein .NET-Experte!" : "")}");
94   Console.WriteLine(dozent2.Item1);
95   Console.WriteLine(dozent2.Item2);
96   Console.WriteLine(dozent2.Item3);
97
98   // neu: benannte Tupels, mit var
99   var dozent3 = (ID: 1, Name: "Holger Schwichtenberg", DOTNETExperte: true); //
     Tupeldeklaration mit Namen!!!
100  Console.WriteLine($"Dozent mit der ID{dozent3.ID}: {dozent3.Name}
     {(dozent3.DOTNETExperte ? "ist ein .NET-Experte!" : "")}");
101  Console.WriteLine(dozent3.ID);
102  Console.WriteLine(dozent3.Item2);
103  Console.WriteLine(dozent3.DOTNETExperte);
```

www.IT-Visions.de ®
Dr. Holger Schwichtenberg

Verlag:	www.IT-Visions.de, Fahrenberg 40b, D-45257 Essen
ISBN:	3934279-30-9
Sprachliche Korrektur:	Katrin Lettau
Formatierung:	Katrin Lettau
Version:	1.0 / 28.03.2018
Bezugsquelle:	*https://www.amazon.de/exec/obidos/ASIN/3934279309/itvisions-21*

www.IT-Visions.de
Dr. Holger Schwichtenberg

Für Heidi, Felix und Maja

1 Inhaltsverzeichnis

2 Vorwort

Liebe Leserinnen und Leser,

der "C# Crashkurs" ist ein prägnanter Überblick über die Syntax der Programmiersprache C# in der aktuellen Version 7.2.

Dieses Büchlein ist geeignet für Softwareentwickler, die von einer anderen objektorientierten Programmiersprache (z.B. C++, Java, Visual Basic .NET oder PHP) auf C# umsteigen wollen oder bereits C# einsetzen und ihr Wissen erweitern insbesondere die neusten Sprachfeatures kennenlernen wollen. Wir schulen bei www.IT-Visions.de jedes Jahr hunderte Entwickler auf C# bzw. die neuste Version der Sprache um. Da es viele Umsteiger von Visual Basic .NET zu C# gibt, werden hier die Unterschiede von C# gegenüber Visual Basic .NET an einigen Stellen hervorgehoben.

Für Neueinsteiger, die mit C# erstmals eine objektorientiere Programmiersprache erlernen wollen, ist es nicht geeignet.

Es erhebt nicht den Anspruch, alle syntaktischen Details zu C# aufzuzeigen, sondern nur die in der Praxis am wichtigsten Konstrukte.

In diesem Büchlein werden bewusst alle Syntaxbeispiele anhand von Konsolenanwendungen gezeigt. So brauchen Sie als Leser kein Wissen über irgendeine GUI-Bibliothek und die Beispiele sind prägnant fokussiert auf die Syntax.

Dieses Buch wird vertrieben über Amazon.de

- Kindle-E-Book von Amazon.de für 9,99 Euro:
  https://www.amazon.de/exec/obidos/ASIN/3934279309/itvisions-21

- Gedruckt (Print-on-Demand) bei Amazon.de für 14,99 Euro:
  https://www.amazon.de/exec/obidos/ASIN/3934279309/itvisions-21

Da solch niedrige Preise in Anbetracht der vielen Stunden Arbeit an diesem Buch leider nicht nennenswert dazu beitragen können, den Lebensunterhalt meiner Familie zu bestreiten, ist dieses Projekt ein Hobby. Dementsprechend kann ich nicht garantieren, wann es Updates zu diesem Buch geben wird. Ich werde dann an diesem Buch arbeiten, wenn ich neben meinem Beruf als Softwarearchitekt, Berater und Dozent und meinen sportlichen Betätigungen noch etwas Zeit für das Fachbuchautorenhobby übrig habe.

Zudem möchte ich darauf hinweisen, dass ich natürlich keinen kostenfreien technischen Support zu den Inhalten dieses Buchs geben kann. Ich freue mich aber immer über konstruktives Feedback und Verbesserungsvorschläge. Bitte verwenden Sie dazu das Kontaktformular auf *www.dotnet-doktor.de*.

Wenn Sie **technische Hilfe** zu C# und seinen Einsatzgebieten (.NET, Mono, Xamarin) oder anderen Themen rund um Visual Studio, Windows oder andere Microsoft-Produkte benötigen, stehe ich Ihnen im Rahmen meiner beruflichen Tätigkeit für die Firmen *www.IT-Visions.de* (Beratung, Schulung, Support) und 5Minds IT-Solutions GmbH & Co KG (Softwareentwicklung, siehe *www.5minds.de*) gerne zur Verfügung. Bitte wenden Sie sich für ein Angebot an das jeweilige Kundenteam.

Auf der von mir ehrenamtlich betriebenen **Leser-Website** unter *www.IT-Visions.de/Leser*, können Sie die Beispiele zu diesem Büchlein herunterladen. Dort müssen Sie sich registrieren. Bei der Registrierung wird ein Losungswort abgefragt. Bitte geben Sie dort **The Orville** ein.

Herzliche Grüße aus Essen, dem Herzen der Metropole Ruhrgebiet

Holger Schwichtenberg

3 Über den Autor

- Studienabschluss Diplom-Wirtschaftsinformatik an der Universität Essen

- Promotion an der Universität Essen im Gebiet komponentenbasierter Softwareentwicklung

- Seit 1996 selbstständig als unabhängiger Berater, Dozent, Softwarearchitekt und Fachjournalist

- Leiter des Berater- und Dozententeams bei *www.IT-Visions.de*

- Leitung der Softwareentwicklung im Bereich Microsoft/.NET bei der 5minds IT-Solutions GmbH & Co. KG (*www.5minds.de*)

- Über 65 Fachbücher beim Carl Hanser Verlag, bei O'Reilly, Microsoft Press, APress und Addison-Wesley sowie mehr als 1000 Beiträge in Fachzeitschriften

- Gutachter in den Wettbewerbsverfahren der EU gegen Microsoft (2006-2009)

- Ständiger Mitarbeiter der Zeitschriften iX (seit 1999), dotnetpro (seit 2000) und Windows Developer (seit 2010) sowie beim Online-Portal heise.de (seit 2008)

- Regelmäßiger Sprecher auf nationalen und internationalen Fachkonferenzen (z.B. Microsoft TechEd, Microsoft Summit, Microsoft IT Forum, BASTA, BASTA-on-Tour, .NET Architecture Camp, Advanced Developers Conference, Developer Week, OOP, DOTNET Cologne, MD DevDays, Community in Motion, DOTNET-Konferenz, VS One, NRW.Conf, Net.Object Days, Windows Forum, Container Conf)

- Zertifikate und Auszeichnungen von Microsoft:
  - Microsoft Most Valuable Professional (MVP)
  - Microsoft Certified Solution Developer (MCSD)

- Thematische Schwerpunkte:
  - Softwarearchitektur, mehrschichtige Softwareentwicklung, Softwarekomponenten, SOA
  - Microsoft .NET Framework, Visual Studio, C#, Visual Basic
  - .NET-Architektur/Auswahl von .NET-Technologien
  - Einführung von .NET Framework und Visual Studio/Migration auf .NET
  - Webanwendungsentwicklung und Cross-Plattform-Anwendungen mit HTML, ASP.NET, JavaScript/TypeScript und Webframeworks wie Angular
  - Enterprise .NET, verteilte Systeme/Webservices mit .NET, insbesondere Windows Communication Foundation und WebAPI
  - Relationale Datenbanken, XML, Datenzugriffsstrategien
  - Objektrelationales Mapping (ORM), insbesondere ADO.NET Entity Framework und EF Core
  - Windows PowerShell, PowerShell Core und Windows Management Instrumentation (WMI)

- Ehrenamtliche Community-Tätigkeiten:
  - Vortragender für die International .NET Association (INETA)
  - Betrieb diverser Community-Websites: www.dotnet-lexikon.de, www.dotnetframework.de, www.entwickler-lexikon.de, www.windows-scripting.de, www.aspnetdev.de u. a.

- Firmenwebsites: *http://www.IT-Visions.de* und *http://www.5minds.de*

- Weblog: *http://www.dotnet-doktor.de*

- Kontakt: E-Mail **buero@IT-Visions.de** sowie Telefon **0201-64 95 90-0**

4 Über dieses Büchlein

4.1 Versionsgeschichte dieses Buchs

Die folgende Tabelle zeigt die Versionen, die von diesem Buch erschienen sind, sowie die darin besprochenen C#-Versionen.

Ergänzungen der Versionsnummer an der dritten Stelle (z.B. 1.2.3) sind kleine Korrekturen im Buch, die nicht explizit in dieser Versionstabelle erscheinen.

Buchversion Datum	Umfang	Preis Kindle-Ausgabe	Preis gedruckte Ausgabe	C#-Version	Bemerkung
1.0 27.03.2018	166 Seiten	9,99	14,99	7.2	▪ Grundversion

4.2 Programmcodebeispiele zu diesem Buch

Die Programmcodebeispiele zu diesem Buch können Sie auf der auf der von mir ehrenamtlich betriebenen Leserwebsite *www.IT-Visions.de/Leser* herunterladen. Dort müssen Sie sich registrieren. Bei der Registrierung wird ein Losungswort abgefragt. Bitte geben Sie dort das Losungswort **The Orville** ein.

Alle Programmbeispiele aus diesem Buch sind in einem Visual Studio 2017-Projekt enthalten, organisiert und in Unterordnern nach Sprachversionen aufgeteilt. Dies heißt, dass Sie zum Beispiel Sprachfeatures von C# 7.0 im Ordner CS70 finden.

Wie im Vorwort bereits erwähnt handelt es sich um den Anwendungstyp "Konsolenanwendung". So brauchen Sie als Leser kein Wissen über irgendeine GUI-Bibliohek und die Beispiele sind prägnant fokussiert auf die Syntax.

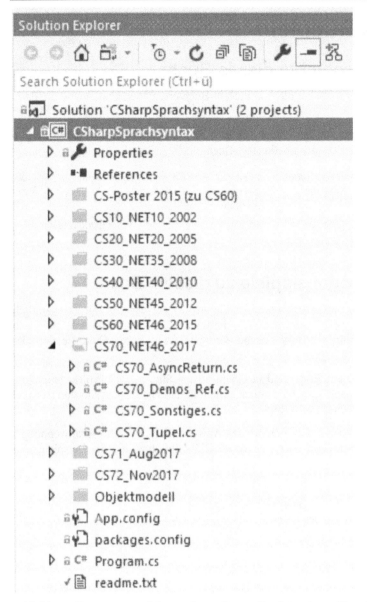

Abbildung: Programmcodebeispiele zu diesem Buch in einem Visual Studio-Projekt

5 Fakten zu C#

5.1   Der Name C#

C# wird gesprochen „C Sharp". Das # könnte man auch in ein vierfaches Pluszeichen aufspalten (also C++++, eine Weiterentwicklung von C++). Ursprünglich sollte die Sprache "Cool" heißen. Eine Zeit lang wurde auch "C# .NET" verwendet; das ist heute aber nicht mehr üblich. Microsoft spricht aber gelegentlich noch von "Visual C#", z.B. meldet sich der Kommandozeilencompiler von C# auch in der aktuellen Version mit "Microsoft (R) Visual C# Compiler".

5.2   Ursprünge von C#

C# ist das Ergebnis eines Projektes bei Microsoft, welches im Dezember 1998 gestartet wurde, nachdem die Firma Sun Microsoft die Veränderung der von Sun entwickelten Programmiersprache Java verboten hatte. Vater von C# ist Anders Heljsberg [https://de.wikipedia.org/wiki/Anders_Hejlsberg], der zuvor auch Turbo Pascal und Borland Delphi erschaffen hat.Er war früher bei Borland und arbeitet seit 1996 bei Microsoft. Heutzutage ist er auch verantwortlich für die Sprache TypeScript.

5.3   Status der Programmiersprache C#

Früher gab es einen wahren Glaubenskrieg in der .NET-Entwicklergemeinde um die Wahl der »richtigen« Programmiersprache. C# oder Visual Basic .NET hieß die Frage, die viele Projektteams bewegt hat. Auch wenn Visual Basic .NET in allen wesentlichen Punkten syntaktisch ebenbürtig war, hat C# klar gewonnen.

C# ist heute nicht nur eine von vielen Programmiersprachen für .NET, es hat sich durchgesetzt als DIE Programmiersprache für .NET. Gegenwärtig gibt es nur noch wenige .NET-Projekte, die Visual Basic .NET, F# oder C++/CLI oder exotischere Sprachen verwenden.

Schaut man in die aktuelle Dokumentation der .NET-Klassen auf https://docs.microsoft.com, sieht man dort nur noch Beispiele für C#, während die alte MSDN-Dokumentation noch Beispiele in C#, Visual Basic .NET, und C++ enthielt.

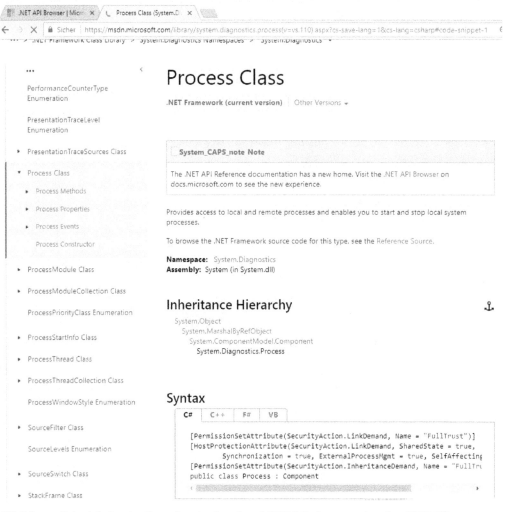

Abbildung: Beispiele in vier Sprachen in der alten MSDN-Dokumentation der .NET-Klassen

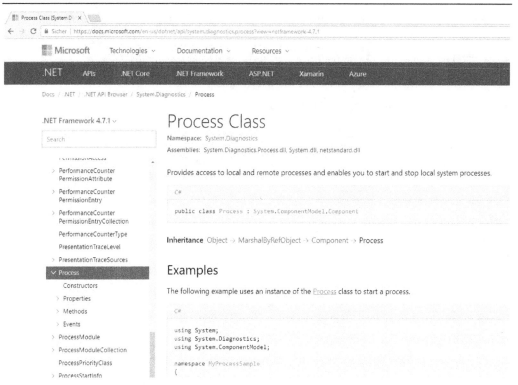

Abbildung: In der neuen .NET-Klassendokumentation gibt es nur noch Beispiele in C#

5.4 Versionsgeschichte

Hinsichtlich der Versionsnummern der Sprache C# herrschte früher etwas Verwirrung. Es gab einerseits eine offizielle Zählung mit Versionsnummer (parallel zum .NET Framework), andererseits mit Jahreszahlen (parallel zu Visual Studio). Intern wird eine dritte Zählung für den Compiler verwendet. Die erste Version von C# im Rahmen des .NET Framework 1.0 trug intern die Versionsnummer 7.0. Zu .NET 1.1 gab es dann C# 7.1, im .NET Framework 2.0 und 3.0 meldet sich der C#-Compiler mit Version 8.0. Ab .NET Framework 3.5 hat Microsoft dies aber bereinigt. Dort meldet sich der Compiler nun auch mit Version 3.5.

Die folgende Liste dokumentiert die Versionsgeschichte von C# einschließlich der verschiedenen Namen, die es jeweils gibt.

- C# 1.0 ist erschienen am 05.01.2002 (in Visual Studio.NET 2002+2003 / .NET Framework 1.0 und 1.1. Erste Version des ISO-Standards für C#.)

- C# 2.0 ist erschienen am 07.11.2005 (C# 2005 / in Visual Studio.NET 2005 / .NET Framework 2.0 und 3.0. Zweite Version des ISO-Standards für C#.)

- C# 3.0 ist erschienen am 15.08.2008 (C# 2008 / in Visual Studio.NET 2008 / .NET Framework 3.5)

- C# 4.0 ist erschienen am 12.04.2010 (C# 2010 / in Visual Studio.NET 2010 / .NET Framework 4.0)

- C# 5.0 ist erschienen am 12.08.2012 (C# 2012 / in Visual Studio.NET 2012 / .NET Framework 4.5)

- C# 6.0 ist erschienen am 20.07.2015 (C# 2015 / in Visual Studio.NET 2015 / .NET Framework 4.6)

- C# 7.0 ist erschienen am 05.03.2017 (C# 2017 / in Visual Studio 2017)

- C# 7.1 ist erschienen am 14.08.2017 (in Visual Studio 15.3)

- C# 7.2 ist erschienen am 15.11.2017 (in Visual Studio 15.5)

Version der Sprachsyntax mit Versionsnummer	Ausgeliefert mit	Version der Sprachsyntax mit Jahreszahl	Interne Versionsnummer des C#-Compilers
C# 1.0	.NET Framework 1.0	Visual C# 2002	7.0 (alter Compiler)
C# 1.1	.NET Framework 1.1	Visual C# 2003	7.1 (alter Compiler)
C# 2.0	.NET Framework 2.0	Visual C# 2005	8.0 (alter Compiler)
C# 2.0	.NET Framework 3.0	Visual C# 2005	8.0 (alter Compiler)
C# 3.0	.NET Framework 3.5	Visual C# 2008	3.5 (alter Compiler)
C# 4.0	.NET Framework 4.0	Visual C# 2010	4.0 (alter Compiler)
C# 5.0	.NET Framework 4.5	Visual C# 2012	4.5 (alter Compiler)
C# 6.0	.NET Framework 4.6 / .NET Core 1.0	Visual C# 2015	1.x (Neuer Compiler)
C# 7.0	Visual Studio 2017 15.0 / .NET Core 2.0	Visual C# 2017	2.0 (Neuer Compiler)
C# 7.1	Visual Studio 2017 15.4 / .NET Core 2.0	Visual C# 2017	2.3 (Neuer Compiler)
C# 7.2	Visual Studio 2017 15.5 / .NET Core 2.0	Visual C# 2017	2.7 (Neuer Compiler)

Tabelle: Verschiedene Versionsnummernzählungen für die Sprache C#

5.5 Standardisierung

Microsoft hat einige Teile des .NET Framework unter dem Namen Common Language Infrastructure (CLI) standardisieren lassen. Die CLI wurde erstmals im Dezember 2001 von der European Computer Manufacturers Association (ECMA) standardisiert (ECMA-Standard 335, Arbeitsgruppe TC49 / TG3, früher: TC39 / TG3, siehe [ECMA01]); mit kleinen Änderungen wurde der Standard im Dezember 2002 von der weltweit wichtigsten Standardisierungsorganisation, der International Standardization Organization (ISO), übernommen als ISO / IEC 23271.

Die Begriffe lauten in den Standards zum Teil allerdings anders als bei Microsoft: Was im .NET Framework Microsoft Intermediate Language (MSIL) heißt, entspricht im Standard der Common Intermediate Language (CIL). Anstelle der Framework Class Library (FCL) spricht man von der CLI Class Library. Von der Standardisierung ausgenommen sind jedoch z.B. die Datenbankschnittstelle ADO.NET und die Benutzeroberflächen-Bibliotheken Windows Forms und ASP.NET Webforms. Auch die neueren .NET-Bibliotheken (WPF, WCF und WF) sind nicht standardisiert.

Auch die Programmiersprache C# ist von beiden Gremien akzeptiert (ECMA-334 bzw. ISO / IEC 23270). Die Standardisierung bezieht sich aber auf ältere Versionen. Die letzten C#-Versionen hat Microsoft nicht mehr standardisieren lassen. Die Standardisierung ist auf dem Stand C# 2.0

Ein weiterer, von Microsoft initiierter Standard ist von der ECMA im Dezember 2005 unter ECMA-372 (Arbeitsgruppe TC49 / TG5, früher: TC39 / TG5) verabschiedet worden: C++ / CLI ist eine Spracherweiterung für C++ (ISO / IEC 14882:2003), die eine elegantere Nutzung von C++ auf der CLI-Plattform ermöglicht, als dies bisher mit den Managed Extensions for C++ (alias Managed C++) möglich war.

5.6 Implementierung des C#-Compilers

Die ursprüngliche Version des C#-Compilers (csc.exe) wurde in C++ implementiert. Auch der C#-Compiler im Mono-Projekt ist in C++ geschrieben.

Mit dem Projekt "Roslyn" (alias: .NET Compiler Platform) hat Microsoft selbst den Compiler neu in C# implementiert. Die erste Version des neuen Compilers war C# 6.0.

5.7 Open Source

Bereits zu C# 1.0 gab es eine quelloffene Version im Projekt "Rotor" im Rahmen der Standardisierung von C#. Diese war jedoch nicht "Open Source", sondern nur "Shared Source", d.h. der Quellcode durfte betrachtet, aber nicht weiterverwendet werden. Seit C# 6.0 ist der neue Compiler im Rahmen der .NET Compiler Platform "Roslyn" ein Open Source-Projekt auf Github.

Projekt für das Design der Programmiersprache:

https://github.com/dotnet/csharplang

Projekt für die Implementierung der Programmiersprache:

https://github.com/dotnet/roslyn

5.8 Kommende Versionen

Aktuell entwickelt Microsoft an der Version C# 7.3.

5.9 Parität und Co-Evolution mit Visual Basic .NET

Im Jahr 2010 hatte Microsoft verkündet, die Programmiersprache C# und Visual Basic .NET hinsichtlich ihrer Funktionalität anzugleichen. »Die Sprachen sollen sich in Stil und Gefühl unterscheiden, nicht in ihrem Funktionsumfang«, schrieb Mads Torgersen, Produktmanager für C# damals. Scott Wiltamuth führt den Begriff "Co-Evolution" ein [https://blogs.msdn.microsoft.com/scottwil/2010/03/09/vb-and-c-coevolution/].

Einige Jahre hat Microsoft diese Strategie tatsächlich umgesetzt und bestehende Sprachfeatures, die nur eine Sprache hatte, in der anderen Sprache nachgerüstet und neue Sprachfeatures gleichzeitig oder zumindest zeitnah in beiden Sprachen veröffentlicht.

Im Jahr 2017 hat Microsoft sich von Parität und Co-Evolution wieder verabschiedet.

Visual Basic .NET ist nach C# die zweitwichtigste Programmiersprache in der .NET-Welt. Telemetriedaten [https://blogs.msdn.microsoft.com/dotnet/2017/02/01/the-net-language-strategy] von Microsoft zeigen einerseits, dass Visual Basic .NET hauptsächlich zur Programmierung mit älteren .NET-Techniken wie Windows Forms und ASP.NET Webforms zum Einsatz kommt. Andererseits beginnen viele neue .NET-Entwickler mit Visual Basic .NET, bevor sie sich an C# herantrauen. Microsoft nahm diese Erkenntnisse zum Anlass, von der im Jahr 2010 verkündigen Co-Evolutionsstrategie von C# und Visual Basic .NET abzurücken und zukünftig nicht mehr alle neuen C#-Features automatisch auf Visual Basic .NET zu übertragen. Die parallel zu C# 7.0 erschienene Version 15 von Visual Basic .NET bietet daher lediglich Tupel und binäre Literale als neue Sprachfeatures an. Zudem kann Visual Basic .NET 15 C#-Methoden nutzen, die Zeiger mit ref liefern, selbst aber solche Methoden nicht implementieren.

6 Grundkonzepte von C#

Konzeptionell wurde C# vor allem von C++ und Java beeinflusst; man kann aber auch Parallelen zu Visual Basic und Delphi finden.

6.1   Sprachtypus

Im Gegensatz zu C++, das eine hybride Sprache aus objektorientierten und nicht-objektorientierten Konzepten ist, ist C# ebenso wie Java eine rein objektorientierte Sprache, d. h., jegliche Form von Anwendungen basiert auf Klassen. C# unterstützt alle zentralen Konzepte der Objektorientierung einschließlich Schnittstellen, Vererbung und Polymorphismus. Schon in C# 2005 wurde auch die Unterstützung für generische Klassen und partielle Klassen hinzugefügt. Außerdem besitzt C# Konzepte der funktionalen Programmierung (Delegates und Lambda-Ausdrücke).

6.2   Groß- und Kleinschreibung

Ein wesentlicher Unterschied zwischen C# und Visual Basic .NET ist die Tatsache, dass C# im Gegensatz zu Visual Basic .NET zwischen Groß- und Kleinschreibung unterscheidet. Dies gilt sowohl für die Schlüsselwörter der Sprache als auch für alle Bezeichner (a und A sind verschiedene Variablen!). Die Schlüsselwörter der Sprache C# werden komplett in Kleinbuchstaben geschrieben.

6.3   Blockbildung und Umbrüche

Blockbildung findet im C / C++-Stil statt, also mit geschweiften Klammern { }. Befehlstrenner ist das Semikolon (;).

Ein Zeilenumbruch kann zwischen den Elementen des Ausdrucks auftreten, ohne das besondere Vorkehrungen getroffen werden müssen. Zahlen können seit C# 7.0 mit einem Unterstrich gegliedert werden; aber man darf innerhalb von Zahlen keinen Zeilenumbruch haben.

```
// Formel ohne Umbrüche
double Ergebnis1 = (2 + 3) * ( 5 + 6) * (7 * 8) + 3.141_592_653_59;

// Formel mit Umbrüchen
double Ergebnis2 = (2 + 3) *
                   (5 + 6) *
                   (7 * 8)
                   + 3.141_592_653_59;
```

6.4   Hello World

Das folgende Listing zeigt das Hello World-Beispiel in C#, das man in jeder Programmiersprache zuerst schreibt.

```
using System;

namespace HalloWelt
{
 class Program
 {
  static void Main(string[] args)
  {
   Console.WriteLine("Hallo Welt!");
  }
```

```
 }
 }
```

Mariginal komplexer ist diese Variante, die – sofern vorhanden – den ersten übergebenen Kommandozeilenparameter als Name auffasst und die Person mit Namen grüßt.

```
namespace HalloWelt
{
 class Program
 {
  static void Main(string[] args)
  {
   if (args.Length > 0)
   {
    var name = args[0];
    // Ausgabe mit String Interpolation
    Console.WriteLine($"Hallo {name}!");
    Console.ReadLine();
   }
   else
   {
    Console.WriteLine("Hallo Welt!");
   }
  }
 }
}
```

6.5   Eingebaute Funktionen

Anders als in Visual Basic existieren in C# keine eingebauten Funktionen zur Typumwandlung (z.B. CBool(), CInt(), CLng(), CType()), Zeichenkettenverarbeitung (z.B. InStr(), Trim(), LCase()) und Ausgabe (z.B. MsgBox()). Auch die My-Klassenbibliothek ist nicht vorhanden. Grundsätzlich ist es möglich, die in Visual Basic eingebauten Funktionen und die My-Bibliothek durch Referenzierung der Microsoft.VisualBasic.dll auch in C# zu nutzen. Dies sollte jedoch vermieden werden, um sprachunabhängig zu bleiben. Alle Visual Basic-Funktionen und -Objekte sind auch in der .NET-Klassenbibliothek enthalten, z.B. String.IndexOf() statt InStr() und Convert.ToInt32() statt CInt().

7 Der C#-Compiler

7.1   Der ursprüngliche C#-Compiler

Der Kommandozeilencompiler für C# im.NET Framework Redistributable ist csc.exe. Er wird installiert im Verzeichnis C:\Windows\Microsoft.NET\Framework64\v4.0.30319. Alternativ kann er in der .NET Framework-Klassenbibliothek im sogenannten "CodeDOM" durch die Klasse Microsoft.CSharp.CSCodeProvider angesprochen werden.

Wenn Sie heute ein aktuelles Microsoft .NET Framework (z.B. 4.7.1) verwenden, so ist dort der ursprüngliche C#-Compiler immer noch in der Version 5.0 enthalten.

Abbildung: In .NET Framework 4.7.1 ist der C#-Compiler für C# 5.0 enthalten.

7.1.1   Kompilierung mit csc.exe

Der Befehl

```
csc.exe Dateiname1.cs Dateiname2.cs DateinameX.cs
```

oder

```
csc Dateiname1.cs Dateiname2.cs DateinameX.cs
```

übersetzt die angegebenen Dateien in eine Konsolenanwendung. Eine Datei, die als Konsolenanwendung oder Windows-Anwendung kompiliert wird, muss genau eine Klasse mit folgendem Einstiegspunkt besitzen: public static void Main().

Listing: »Hello World« in C#

```
class Hauptprogramm
{
        public static void Main()
        {
                System.Console.WriteLine("Hello World!");
        }
}
```

7.1.2   Kommandozeilenparameter

Der Kommandozeilencompiler bietet zahlreiche Optionen. Die wichtigsten davon sind:

- /target:winexe   Der Compiler erzeugt eine Windows-Anwendung

- /target:library   Der Compiler erzeugt eine DLL (kein Main() notwendig)

- /r:Dateiliste   Die angegebenen Assemblys werden referenziert

- /out:Dateiname   Name der Ausgabedatei

- /doc:Dateiname   Der Compiler erzeugt zusätzlich eine XML-Dokumentationsdatei

- /help   Anzeige der Hilfe zu den Compiler-Optionen

- Anders als beim Visual Basic .NET-Compiler vbc.exe müssen die Optionen /target und /out bei csc.exe vor den Namen der Quelldateien in der Parameterliste erscheinen.

Es folgt die komplette Liste der Kommandozeilenparameter des alten C#-Compilers

```
                        Visual C# Compiler Options


                        - OUTPUT FILES -
/out:<file>                     Specify output file name (default: base name of
file with main class or first file)
/target:exe                     Build a console executable (default) (Short form:
/t:exe)
/target:winexe                  Build a Windows executable (Short form: /t:winexe)
/target:library                 Build a library (Short form: /t:library)
/target:module                  Build a module that can be added to another
assembly (Short form: /t:module)
/target:appcontainerexe         Build an Appcontainer executable (Short form:
/t:appcontainerexe)
/target:winmdobj                Build a Windows Runtime intermediate file that is
consumed by WinMDExp (Short form: /t:winmdobj)
/doc:<file>                     XML Documentation file to generate
/platform:<string>              Limit which platforms this code can run on: x86,
Itanium, x64, arm, anycpu32bitpreferred, or anycpu. The default is anycpu.


                        - INPUT FILES -
/recurse:<wildcard>             Include all files in the current directory and
subdirectories according to the wildcard specifications
/reference:<alias>=<file>       Reference metadata from the specified assembly
file using the given alias (Short form: /r)
/reference:<file list>          Reference metadata from the specified assembly
files (Short form: /r)
/addmodule:<file list>          Link the specified modules into this assembly
/link:<file list>               Embed metadata from the specified interop assembly
files (Short form: /l)


                        - RESOURCES -
/win32res:<file>                Specify a Win32 resource file (.res)
/win32icon:<file>               Use this icon for the output
/win32manifest:<file>           Specify a Win32 manifest file (.xml)
/nowin32manifest                Do not include the default Win32 manifest
/resource:<resinfo>             Embed the specified resource (Short form: /res)
/linkresource:<resinfo>         Link the specified resource to this assembly
(Short form: /linkres)

                                Where the resinfo format is <file>[,<string
name>[,public|private]]


                        - CODE GENERATION -
/debug[+|-]                     Emit debugging information
/debug:{full|pdbonly}           Specify debugging type ('full' is default, and
enables attaching a debugger to a running program)
/optimize[+|-]                  Enable optimizations (Short form: /o)
```

```
                        - ERRORS AND WARNINGS -
/warnaserror[+|-]              Report all warnings as errors
/warnaserror[+|-]:<warn list>  Report specific warnings as errors
/warn:<n>                       Set warning level (0-4) (Short form: /w)
/nowarn:<warn list>             Disable specific warning messages


                           - LANGUAGE -
/checked[+|-]                   Generate overflow checks
/unsafe[+|-]                    Allow 'unsafe' code
/define:<symbol list>           Define conditional compilation symbol(s) (Short
form: /d)
/langversion:<string>           Specify language version mode: ISO-1, ISO-2, 3, 4,
5, or Default


                           - SECURITY -
/delaysign[+|-]                 Delay-sign the assembly using only the public
portion of the strong name key
/keyfile:<file>                 Specify a strong name key file
/keycontainer:<string>          Specify a strong name key container
/highentropyva[+|-]             Enable high-entropy ASLR


                        - MISCELLANEOUS -
@<file>                         Read response file for more options
/help                           Display this usage message (Short form: /?)
/nologo                         Suppress compiler copyright message
/noconfig                       Do not auto include CSC.RSP file


                           - ADVANCED -
/baseaddress:<address>          Base address for the library to be built
/bugreport:<file>               Create a 'Bug Report' file
/codepage:<n>                   Specify the codepage to use when opening source
files
/utf8output                     Output compiler messages in UTF-8 encoding
/main:<type>                    Specify the type that contains the entry point
(ignore all other possible entry points) (Short form: /m)
/fullpaths                      Compiler generates fully qualified paths
/filealign:<n>                  Specify the alignment used for output file
sections
/pdb:<file>                     Specify debug information file name (default:
output file name with .pdb extension)
/errorendlocation               Output line and column of the end location of each
error
/preferreduilang                Specify the preferred output language name.
/nostdlib[+|-]                  Do not reference standard library (mscorlib.dll)
/subsystemversion:<string>      Specify subsystem version of this assembly
/lib:<file list>                Specify additional directories to search in for
references
/errorreport:<string>           Specify how to handle internal compiler errors:
prompt, send, queue, or none. The default is queue.
/appconfig:<file>               Specify an application configuration file
containing assembly binding settings
/moduleassemblyname:<string>    Name of the assembly which this module will be a
part of
```

7.2   Der aktuelle C#-Compiler

Der im Projekt "Roslyn" neu implementierte C#-Compiler heißt auch csc.exe; er ist aber nicht mehr Teil des .NET Framework Redistributable. Er wird auf diesen Wegen verbreitet:

- Visual Studio 2017 bzw. Visual Studio 2017 Build Tools

- .NET Core SDK

- Nuget-Paket https://www.nuget.org/packages/Microsoft.Net.Compilers/

Visual Studio installiert den Compiler in C:\Program Files (x86)\Microsoft Visual Studio\2017\Enterprise\MSBuild\15.0\Bin\Roslyn.   Das   Nuget-Paket *https://www.nuget.org/packages/Microsoft.Net.Compilers* enthält den csc.exe im Ordner /Tools. Im .NET Core SDK wird der C#-Compiler nicht als csc.exe mitgeliefert, sondern über die .NET CLI-Werkzeuge angesprochen (z.B. dotnet build).

Die Neufassung des CodeDOM-APIs mit dem neuen Compiler erhält man über das Nuget-Paket *www.nuget.org/packages/Microsoft.CodeDom.Providers.DotNetCompilerPlatform*.

```
Command Prompt

T:\>"C:\Program Files (x86)\Microsoft Visual Studio\2017\Enterprise\MSBuild\15.0\Bin\Roslyn\csc.exe"
Microsoft (R) Visual C# Compiler version 2.6.0.62329 (5429b35d)
Copyright (C) Microsoft Corporation. All rights reserved.

warning CS2008: No source files specified.
error CS1562: Outputs without source must have the /out option specified

T:\>_
```

Abbildung: Der neue C#-Compiler

7.2.1   Versionsnummern des Compilers

Die Versionsummer des neuen C#-Compilers richtet sich nach dem Funktionsumfang des Compilers, nicht nach den Sprachfeatures (siehe folgende Abbildung).

- Versions 1.x mean C# 6.0 and VB 14 (Visual Studio 2015 and updates). For instance, 1.3.2 corresponds to the most recent update (update 3) of Visual Studio 2015.

- Version 2.0 means C# 7.0 and VB 15 (Visual Studio 2017 version 15.0).

- Version 2.1 is still C# 7.0, but with a couple fixes (Visual Studio 2017 version 15.1).

- Version 2.2 is still C# 7.0, but with a couple more fixes (Visual Studio 2017 version 15.2). Language version "default" was updated to mean "7.0".

- Version 2.3 means C# 7.1 and VB 15.3 (Visual Studio 2017 version 15.3). For instance, 2.3.0-beta1 corresponds to Visual Studio 2017 version 15.3 (Preview 1).

- Version 2.4 is still C# 7.1 and VB 15.3, but with a couple fixes (Visual Studio 2017 version 15.4).

- Version 2.6 means C# 7.2 and VB 15.5 (Visual Studio 2017 version 15.5).

- Version 2.7 means C# 7.2 and VB 15.5, but with a number of fixes (Visual Studio 2017 version 15.6).

- Version 2.8 means C# 7.3 (Visual Studio 2017 version 15.7)

Abbildung: Versionierung des neuen C#-Compilers
[https://github.com/dotnet/roslyn/wiki/NuGet-packages]

7.2.2   Kommandozeilenparameter

Es folgen die Kommandozeilenparameter des neuen C#-Compilers

```
                         Visual C# Compiler Options


                  - OUTPUT FILES -
/out:<file>                  Specify output file name (default: base name of
                             file with main class or first file)
/target:exe                  Build a console executable (default) (Short
                             form: /t:exe)
/target:winexe               Build a Windows executable (Short form:
                             /t:winexe)
/target:library              Build a library (Short form: /t:library)
/target:module               Build a module that can be added to another
                             assembly (Short form: /t:module)
/target:appcontainerexe      Build an Appcontainer executable (Short form:
                             /t:appcontainerexe)
/target:winmdobj             Build a Windows Runtime intermediate file that
                             is consumed by WinMDExp (Short form: /t:winmdobj)
/doc:<file>                  XML Documentation file to generate
/refout:<file>               Reference assembly output to generate
/platform:<string>           Limit which platforms this code can run on: x86,
                             Itanium, x64, arm, anycpu32bitpreferred, or
                             anycpu. The default is anycpu.


                  - INPUT FILES -
/recurse:<wildcard>          Include all files in the current directory and
                             subdirectories according to the wildcard
                             specifications
/reference:<alias>=<file>    Reference metadata from the specified assembly
                             file using the given alias (Short form: /r)
/reference:<file list>       Reference metadata from the specified assembly
                             files (Short form: /r)
/addmodule:<file list>       Link the specified modules into this assembly
/link:<file list>            Embed metadata from the specified interop
                             assembly files (Short form: /l)
/analyzer:<file list>        Run the analyzers from this assembly
                             (Short form: /a)
/additionalfile:<file list>  Additional files that don't directly affect code
                             generation but may be used by analyzers for
producing
                             errors or warnings.
/embed                       Embed all source files in the PDB.
/embed:<file list>           Embed specific files in the PDB


                  - RESOURCES -
/win32res:<file>             Specify a Win32 resource file (.res)
/win32icon:<file>            Use this icon for the output
/win32manifest:<file>        Specify a Win32 manifest file (.xml)
```

```
/nowin32manifest              Do not include the default Win32 manifest
/resource:<resinfo>           Embed the specified resource (Short form: /res)
/linkresource:<resinfo>       Link the specified resource to this assembly
                              (Short form: /linkres) Where the resinfo format
                              is <file>[,<string name>[,public|private]]


                    - CODE GENERATION -
/debug[+|-]                   Emit debugging information
/debug:{full|pdbonly|portable|embedded}
                              Specify debugging type ('full' is default,
                              'portable' is a cross-platform format,
                              'embedded' is a cross-platform format embedded
into
                              the target .dll or .exe)
/optimize[+|-]                Enable optimizations (Short form: /o)
/deterministic                Produce a deterministic assembly
                              (including module version GUID and timestamp)
/refonly                      Produce a reference assembly in place of the main
output
/instrument:TestCoverage      Produce an assembly instrumented to collect
                              coverage information
/sourcelink:<file>            Source link info to embed into PDB.


                    - ERRORS AND WARNINGS -
/warnaserror[+|-]             Report all warnings as errors
/warnaserror[+|-]:<warn list> Report specific warnings as errors
/warn:<n>                     Set warning level (0-4) (Short form: /w)
/nowarn:<warn list>           Disable specific warning messages
/ruleset:<file>               Specify a ruleset file that disables specific
                              diagnostics.
/errorlog:<file>              Specify a file to log all compiler and analyzer
                              diagnostics.
/reportanalyzer               Report additional analyzer information, such as
                              execution time.


                    - LANGUAGE -
/checked[+|-]                 Generate overflow checks
/unsafe[+|-]                  Allow 'unsafe' code
/define:<symbol list>         Define conditional compilation symbol(s) (Short
                              form: /d)
/langversion:?                Display the allowed values for language version
/langversion:<string>         Specify language version such as
                              `default` (latest major version), or
                              `latest` (latest version, including minor
versions),
                              or specific versions like `6` or `7.1`


                    - SECURITY -
/delaysign[+|-]               Delay-sign the assembly using only the public
                              portion of the strong name key
/publicsign[+|-]              Public-sign the assembly using only the public
                              portion of the strong name key
/keyfile:<file>               Specify a strong name key file
```

```
/keycontainer:<string>           Specify a strong name key container
/highentropyva[+|-]              Enable high-entropy ASLR
```

- MISCELLANEOUS -
```
@<file>                          Read response file for more options
/help                            Display this usage message (Short form: /?)
/nologo                          Suppress compiler copyright message
/noconfig                        Do not auto include CSC.RSP file
/parallel[+|-]                   Concurrent build.
/version                         Display the compiler version number and exit.
```

- ADVANCED -
```
/baseaddress:<address>           Base address for the library to be built
/checksumalgorithm:<alg>         Specify algorithm for calculating source file
                                 checksum stored in PDB. Supported values are:
                                 SHA1 (default) or SHA256.
/codepage:<n>                    Specify the codepage to use when opening source
                                 files
/utf8output                      Output compiler messages in UTF-8 encoding
/main:<type>                     Specify the type that contains the entry point
                                 (ignore all other possible entry points) (Short
                                 form: /m)
/fullpaths                       Compiler generates fully qualified paths
/filealign:<n>                   Specify the alignment used for output file
                                 sections
/pathmap:<K1>=<V1>,<K2>=<V2>,...
                                 Specify a mapping for source path names output by
                                 the compiler.
/pdb:<file>                      Specify debug information file name (default:
                                 output file name with .pdb extension)
/errorendlocation                Output line and column of the end location of
                                 each error
/preferreduilang                 Specify the preferred output language name.
/nostdlib[+|-]                   Do not reference standard library (mscorlib.dll)
/subsystemversion:<string>       Specify subsystem version of this assembly
/lib:<file list>                 Specify additional directories to search in for
                                 references
/errorreport:<string>            Specify how to handle internal compiler errors:
                                 prompt, send, queue, or none. The default is
                                 queue.
/appconfig:<file>                Specify an application configuration file
                                 containing assembly binding settings
/moduleassemblyname:<string>     Name of the assembly which this module will be
                                 a part of
/modulename:<string>             Specify the name of the source module
```

8 Erste Schritte Visual Studio

Dieses Büchlein ist kein Handbuch für Visual Studio. Für Leser, die in Visual Studio sind, folgt hier eine kurze Einführung in das Anlegen und übersetzen eines Projekts.

8.1   Hello World mit dem .NET Framework

Wählen Sie bei der Installation von Visual Studio den Workload ".NET Desktop Development" aus.

Starten Sie Visual Studio

Wählen Sie File/New Project und dann im dem Dialog "Visual C#/Windows Classic Desktop/Console App". Geben Sie unten den gewünschten Standort ein (wählen Sie am besten einen Verzeichnisnamen ohne Leerzeichen!) und wählen Sie die aktuellste .NET Framework-Version aus.

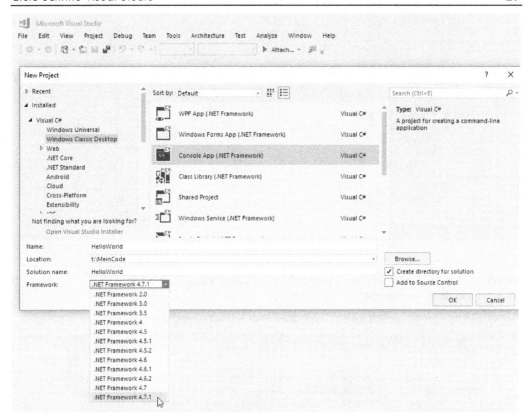

Sie erhalten dann eine Projektmappe (.sln-Datei im Dateisystem) mit einem Projekt (.csproj-Datei). In dem Projekt gibt es eine Datei program.cs mit der Grundstruktur der Konsolenanwendung.

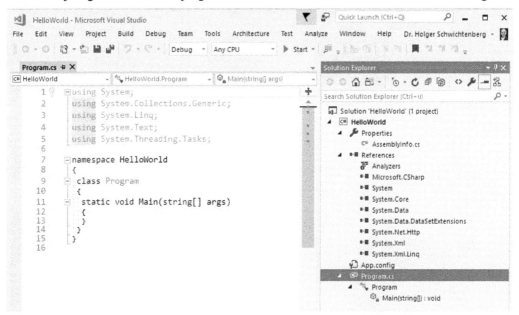

Ergänzen Sie in Main() den folgenden Programmcode:

```
namespace HalloWelt
{
 class Program
 {
  static void Main(string[] args)
  {
   if (args.Length > 0)
   {
    var name = args[0];
    // Ausgabe mit String Interpolation
    Console.WriteLine($"Hallo {name}!");
    Console.ReadLine();
   }
   else
   {
    Console.WriteLine("Hallo Welt!");
   }
   Console.ReadLine();
  }
 }
}
```

Wählen Sie Build/Build Solution (Alternativ die Tastenkombination STRG+SHIFT+B), um den Programmcode zu übersetzen.

Sie sollten nun im Ausgabefenster (Einblenden über View/Output) dies sehen:

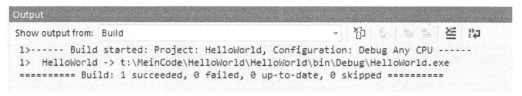

Falls Sie Eingabefehler gemacht haben, sehen Sie dies im Fenster "Error List".

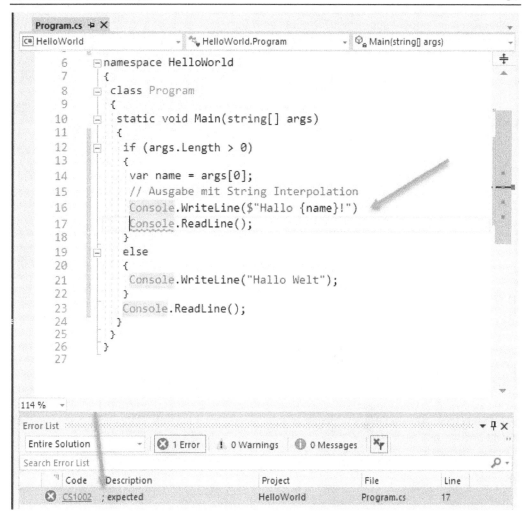

```
namespace HelloWorld
{
    class Program
    {
        static void Main(string[] args)
        {
            if (args.Length > 0)
            {
                var name = args[0];
                // Ausgabe mit String Interpolation
                Console.WriteLine($"Hallo {name}!")
                Console.ReadLine();
            }
            else
            {
                Console.WriteLine("Hallo Welt");
            }
            Console.ReadLine();
        }
    }
}
```

Code	Description	Project	File	Line
CS1002	; expected	HelloWorld	Program.cs	17

Wenn Ihr Programm erfolgreich übersetzt, starten Sie es im Debugger mit Debug/Start Debugging oder der Taste F5.

Um dem Programm beim Start einen Kommandozeilenparameter zu übergeben, wählen Sie im Solution Explorer im Kontextmenü des Projekts (nicht der Projektmappe, so "Soultion" davor steht) den Eintrag "Properties" und tragen Sie in der Registerkarte "Debug" bei "Command Line Arguments" Ihren Namen ein.

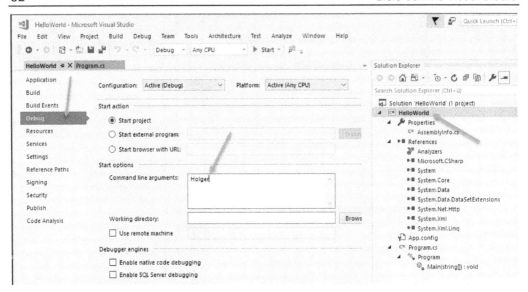

Drücken Sie wieder F5.

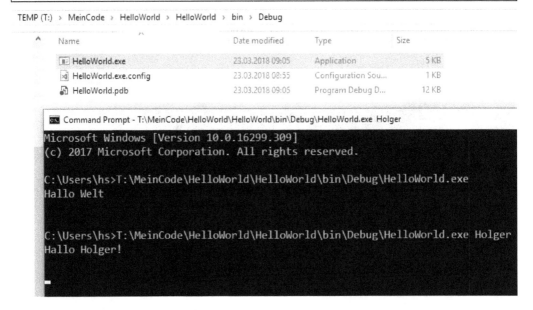

Schauen Sie sich das Projekt auf der Festplatte im Windows Explorer an. Sie erkennen ein Ausgabeverzeichnis bin/Debug in dem das kompilierte Programm als .EXE-Datei liegt, die man direkt starten kann.

> Das Kompilat in .NET nennt man eine Assembly. Die Assembly ist in diesem Fall eine .EXE-Datei.

Sie können ein in Visual Studio erzeugtes .NET-Projekt auch an der Kommandozeile übersetzen. Theoretisch kann man dazu den C#-Compiler csc.exe direkt einsetzen, aber dann muss man alle Quellcodedateien sowie benötigte Referenzen auf andere Assemblies dort als Parameter angeben. Da diese Abhängigkeiten alle bereits in den Projektdateien definiert sind, bietet sich der Einsatz von msbuild.exe an, dass die .csproj-Dateien auswertet. Öffnen Sie dazu den "Developer Command Prompt", der mit Visual Studio installiert wird, gehen Sie in das Verzeichnis mit der .sln-Datei und rufen Sie msbuild.exe auf.

> **Hinweis:** Andere .NET-Anwendungsarten (z.B. Webanwendungen mit ASP.NET, Desktop-Anwendungen mit Windows Forms oder Windows Presentation Foundation, Mobile Apps mit Xamarin) erstellen und übersetzen Sie mit den gleichen Funktionen und Werkzeugen. Sie müssen nur entsprechende Workloads im Setup von Visual Studio installieren und dann die entsprechende Projektvorlage wählen.

```
Developer Command Prompt for VS 2017                                   —   □   ×
T:\MeinCode\HelloWorld>msbuild
Microsoft (R) Build Engine version 15.6.82.30579 for .NET Framework
Copyright (C) Microsoft Corporation. All rights reserved.

Building the projects in this solution one at a time. To enable parallel build, please add the "/m"
switch.
Build started 26.03.2018 22:07:45.
Project "T:\MeinCode\HelloWorld\HelloWorld.sln" on node 1 (default targets).
ValidateSolutionConfiguration:
  Building solution configuration "Debug|Any CPU".
Project "T:\MeinCode\HelloWorld\HelloWorld.sln" (1) is building "T:\MeinCode\HelloWorld\HelloWorld\
HelloWorld.csproj" (2) on node 1 (default targets).
DevartEntityDeploy:
  DevartEntityDeploy succeeded for 0 items.
GenerateBindingRedirects:
  No suggested binding redirects from ResolveAssemblyReferences.
GenerateTargetFrameworkMonikerAttribute:
Skipping target "GenerateTargetFrameworkMonikerAttribute" because all output files are up-to-date w
ith respect to the input files.
CoreCompile:
Skipping target "CoreCompile" because all output files are up-to-date with respect to the input fil
es.
_CopyAppConfigFile:
Skipping target "_CopyAppConfigFile" because all output files are up-to-date with respect to the in
put files.
CopyFilesToOutputDirectory:
  HelloWorld -> T:\MeinCode\HelloWorld\HelloWorld\bin\Debug\HelloWorld.exe
Done Building Project "T:\MeinCode\HelloWorld\HelloWorld\HelloWorld.csproj" (default targets).

Done Building Project "T:\MeinCode\HelloWorld\HelloWorld.sln" (default targets).


Build succeeded.
    0 Warning(s)
    0 Error(s)

Time Elapsed 00:00:00.77

T:\MeinCode\HelloWorld>_
```

8.2   Hello World mit .NET Core

Hier werden die Schritte beschrieben, die anders sind, wenn Sie .NET Core verwenden wollen statt .NET Framework.

Wichtig ist, dass Sie in Visual Studio 2017 nicht nur den Workload ".NET Core Cross-Platform Development" wählen, sondern das .NET Core SDK in der aktuellen Version zusätzlich von [https://www.microsoft.com/net/download/windows] installieren.

Abbildung: Installation des Workloads ".NET Core Cross-Platform Development" in Visual Studio 2017

Wählen Sie bei File/New Project jetzt "Visual C#/.NET Core/Console App (.NET Core).

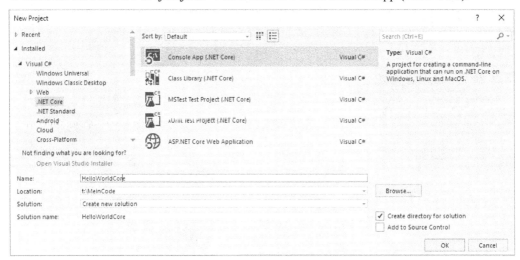

Der Projektaufbau ist etwas anders, die Bedienung bezüglich übersetzen und Debugging aber gleich.

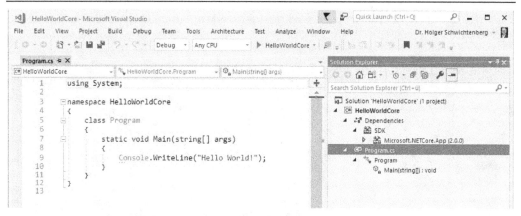

Der gleiche Programmcode kann hier eingetragen werden.

Bei Start der Anwendung sieht man in der Titelzeile dotnet.exe, was das universelle Kommandozeilenwerkzeug von .NET Core ist, dass auch zum Start einer .NET Core-Anwendung verwendet wird.

Während man beim .NET Framework im Ausgabeverzeichnis eine .EXE-Datei erhält, bekommt man bei .NET Core nur eine .DLL. Daher muss man dotnet.exe (oder abgekürzt dotnet) beim Start voranstellen.

> Das Kompilat nennt man auch in .NET Core eine Assembly. Die Assembly ist in diesem Fall eine .DLL-Datei.

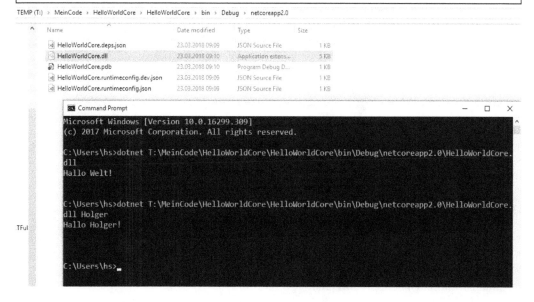

Ein .NET Core-Projekt können Sie an der Kommandozeile mit msbuild.exe oder dotnet.exe build übersetzen.

8.3 Festlegung der Compilerversion in Visual Studio

Während früher die verwendete Viusal Studio-Version auch die verwendete Version des Sprachcompilers von C# festlegte, kann man ab Visual Studio 2017 Update 3 (Version 15.3) die Sprachversion pro Projekt in den Projekteigenschaften (Build/Avanced) festlegen.

Abbildung: Einstellen der Sprachversion

Zudem warnt Visual Studio, wenn Sie ein Sprachfeature verwenden, welches es in der eingestellten Version noch nicht gibt.

```
int b = default;
Consol      r   Feature 'default literal' is not available in C# 7. Please use language version 7.1 or greater.
```

Hinweis: Andere .NET Core-Anwendungsarten (z.B. Webanwendungen mit ASP.NET Core, Universal Windows Platform Apps) erstellen und übersetzen Sie mit den gleichen Funktionen und Werkzeugen. Sie müssen nur entsprechende Workloads im Setup von Visual Studio installieren und dann die entsprechende Projektvorlage wählen.

9 Datentypen

Die Datentypen orientieren sich in allen .NET-Programmiersprachen am Typsystem des Common Type System (CTS). Das Common Type System (CTS) ist die Basis für die Sprachvielfalt in .NET. Es ist die Grundlage dafür, dass kompilierter Programmcode in einer Sprache den kompilierten Programmcode in einer anderen Sprache nutzen kann. Das CTS umfasst die minimalen Anforderungen an jede .NET-Sprache, damit sie überhaupt lauffähige Typen auf der CLR erzeugen kann. Alle .NET-Programmiersprachen müssen sich dem CTS unterwerfen.

C# unterstützt die gleichen Datentypen wie Visual Basic .NET, teilweise jedoch mit etwas anderen Namen, beispielsweise int statt Integer oder bool statt Boolean (siehe Tabelle).

Datentyp	C#	Visual Basic	Visual J#	JScript .NET	Visual C++
Ganzzahl 1 Byte	byte	Byte	byte	byte	BYTE, bool
Ganzzahl Boolean	bool	Boolean	boolean	boolean	VARIANT_BOOL
Ganzzahl 2 Bytes	short	Short	short	short	signed short int, __int16
Ganzzahl 4 Bytes	int	Integer	int	int	long, (long int, signed long int)
Ganzzahl 8 Bytes	long	Long	long	long	__int64
Zahl 4 Bytes	float	Single	float	float	float
Zahl 8 Bytes	double	Double	double	double	double
Zahl 12 Bytes	decimal	Decimal	–	decimal	DECIMAL
Zeichen 1 Byte oder 2 Bytes	char	Char	char	char	signed char, __int8
Zeichenkette	string	String	java.lang.String oder System.String	String	n / a
Datum / Uhrzeit	DateTime	Date	java.util.Date oder System.DateTime	Date	DATE

Tabelle: Vergleich der Datentypen in verschiedenen .NET-Sprachen

9.1   Variablendeklarationen

In C# steht der Typ am Anfang jeder Deklaration. Mehrfachdeklarationen sind möglich durch Kommatrennung.

```
int a, b, c;
string x, y, z;
System.Guid g1, g2, g3;
```

9.2   Typinitialisierung

Ebenfalls sehr streng ist C# hinsichtlich der Initialisierung von Variablen. Während der Visual Basic .NET-Compiler in seiner Standardeinstellung folgende Anweisung immer durchgehen lässt,

```
Dim a As Integer
a = a + 1
```

weil a mit 0 vorinitialisiert wurde, erfordert der C#-Compiler die explizite Initialisierung bei allen lokalen (methodeninternen) Variablen (nicht aber bei Klassenmitgliedern).

```
int a = 0;
a = a + 1;
```

```
int a;
Console.WriteLine(a);
```

> [⚡] (local variable) int a
>
> Use of unassigned local variable 'a'

Abbildung: Der C#-Compiler beschwert sich über die Verwendung einer nicht initialisierten Variable

---

Der C#-Compiler ab Version 2005 erzeugt Warnungen bei deklarierten, aber nicht verwendeten Variablen.

Mit dem Schlüsselwort default kann man eine Variable auf ihren Standardwert setzen. Dies ist 0 für alle Zahlen und null für Zeichenketten und Referenztypen. Für Datumswerte ist es der 01.01.0001 um 00:00:00 Uhr. Während in den bisherigen Versionen die Syntax vorsah, nach default in Klammern den Datentyp zu nennen

```
int x = default(Int32);
```

kann man diesen seit C# 7.1 weglassen (Default Literal Expressions):

```
int x = default;
```

Beispiele:

```
decimal zahl1 = default(decimal); // 0.0
decimal zahl2 = default; // 0.0
int ganzzahl1 = default(int); // 0
int ganzzahl2 = default; // 0
bool janein1 = default(bool); // false
bool janein2 = default; // false
string zeichenkette1 = default(string); // null
string zeichenkette2 = default; // null
Person person1 = default(Person); // null
Person person2 = default; // null
DateTime d1 = default(DateTime); // 01.01.0001 00:00:00
```

```
DateTime d2 = default;// 01.01.0001 00:00:00
```

9.3   Literale für Zeichen und Zeichenketten

Zeichenketten sind in doppelte Anführungszeichen zu setzen.

Einzelne Zeichen, in einfache Anführungszeichen.

```
string Name = "Holger Schwichtenberg";
string Wichtigkeit1 = "A";
char Wichtigkeit2 = 'C';
```

Sonderzeichen in Zeichenketten werden – wie in C++ – durch einen Backslash (\) eingeleitet (z.B. steht \n für einen Zeilenumbruch). Man spricht von Escapesequenz (siehe Tabelle).

Escapesequenz	Bedeutung
\a	Ton
\b	Rücktaste
\f	Seitenvorschub
\n	Zeilenwechsel
\r	Wagenrücklauf
\t	Horizontaler Tabulator
\v	Vertikaler Tabulator
\'	Einfaches Anführungszeichen
\"	Doppeltes Anführungszeichen
\\	Umgekehrter Schrägstrich
\?	Literales Fragezeichen
\ ooo	ASCII-Zeichen in der Oktalnotation
\x hh	ASCII-Zeichen in der Hexadezimalnotation
\x hhhh	Unicode-Zeichen in der Hexadezimalnotation

Beispiel:

```
string seineAussage = "Er sagte:\n\"Hallo Welt!\"";
Console.WriteLine(seineAussage);
```

Da der Backslash in der Zeichenketten ein Sonderzeichen darstellt, müssen Pfadangaben besonders behandelt werden.

```
string PfadFalsch = "C:\Windows\Microsoft.NET\Framework64\v4.0.30319";
        class System.String
        Represents text as a sequence of UTF-16 code units.To browse the .NET Framework source code for this type, see the Reference Source.
        Unrecognized escape sequence
```

Richtig ist, entweder für jeden Backslash \ einen doppelten Backslash \\ zu verwenden oder aber die Zeichenkette mit einem @ einzuleiten. Dadurch verlieren alle Escapesequenzen ihre Bedeutung und der Backslash ist wieder ein normales Zeichen. Synonym sind daher: "c:\\ordner\\datei.txt" und @"c:\ordner\datei.txt".

```
string PfadRichtig1 = "C:\\Windows\\Microsoft.NET\\Framework64\\v4.0.30319";
string PfadRichtig2 = @"C:\Windows\Microsoft.NET\Framework64\v4.0.30319";
Console.WriteLine(PfadRichtig1 + ": "+ System.IO.Directory.Exists(PfadRichtig1));
Console.WriteLine(PfadRichtig1 + ": " +
System.IO.Directory.Exists(PfadRichtig1));
```

9.4   String Interpolation

Mit einer String Interpolation können Entwickler ab C# 6.0 die Zusammensetzung von Zeichenketten aus festen und variablen Bestandteilen übersichtlicher als bisher realisieren.

```
    var ausgabeAlt1 = "Kunde #" + String.Format("{0:0000}", k.ID) +": " +
k.GanzerName + " ist in der Liste seit " + String.Format("{0:d}", k.ErzeugtAm) +
".";
    var ausgabeAlt2 = String.Format("Kunde #{0:0000}: {1} ist in der Liste seit
{2:d}.", k.ID, k.GanzerName, k.ErzeugtAm);
    var ausgabeNeu = $"Kunde #{k.ID:0000}: {k.GanzerName} ist in der Liste seit
{k.ErzeugtAm:d}.";
    Console.WriteLine(ausgabeAlt1);
    Console.WriteLine(ausgabeAlt2);
    Console.WriteLine(ausgabeNeu);
```

```
Kunde #0123: Holger Schwichtenberg ist in der Liste seit 22.03.2018.
Kunde #0123: Holger Schwichtenberg ist in der Liste seit 22.03.2018.
Kunde #0123: Holger Schwichtenberg ist in der Liste seit 22.03.2018.
```

Abbildung: Ausgabe des obigen Beispiels

9.5   Zahlenliterale

Für die gebrochenen Zahlen gibt es in C# besondere Kürzel, die in Literalen zu verwenden sind. Im Standard ist eine gebrochene Zahl vom Typ double. Der Suffix d ist also optional.

```
byte z1 = 123;
short z2 = 123;
int z3 = 123;
long z4 = 123;
float z5 = 123.45f;
double z6 = 123.45d;
decimal z7 = 123.45m;
```

Zahlenliterale kann der Entwickler seit C# 7.0 auch in Binärform hinterlegen. Der Unterstrich ist als Trennzeichen zur übersichtlicheren Darstellung bei Binär- und Dezimalsystemliteralen erlaubt und hat keinen Einfluss auf den Wert.

```
int AntwortAufAlleFragen = 0b001_01010; // 42
Console.WriteLine(AntwortAufAlleFragen);
```

```
decimal JahresGehalt = 123_456_789m;
Console.WriteLine(JahresGehalt);
```

9.6   Datumsliterale

Es gibt – anders als in Visual Basic .NET – keine eigene Syntax für Datumsliterale. Man kann ein Datum nur unter Verwendung des Konstruktors .NET-Klasse DateTime erzeugen.

```
DateTime d1 = new DateTime(2018, 03, 23); // 23.3.2018 00:00:00 Uhr
DateTime d2 = new DateTime(2018, 11, 11, 11,11,11); // 11.11.2018 11:11:11 Uhr
```

9.7   Lokale Typableitung (Local Variable Type Inference)

In C# 3.0 wurde die Typableitung neu eingeführt. Typableitung bedeutet, dass der Entwickler in seinem Programmcode keinen expliziten Typ vergibt, sondern der Compiler den Typ während der Übersetzung festlegt. Typableitung darf nicht mit Variant aus Visual Basic 5.0 / 6.0 verwechselt werden (auch wenn in C# 2008 das Schlüsselwort var heißt): Bei einem Variant konnte man jederzeit im Programmablauf den Typ ändern. Ein Variant war eine sehr speicherfressende Datenstruktur. Variablen, die mit Typableitung erzeugt wurden, erhalten hingegen zur Übersetzungszeit einen festen Typ, der im Programmablauf nicht mehr geändert werden darf und nicht mehr Speicher als bei einer expliziten Deklaration verbrauchen.

Typableitungen werden in C# durch das neue Schlüsselwort var anstelle des Datentyps, aber mit Initialisierung festgelegt.

Listing: Drei Typableitungen in C#

```
// Local Variable Type Inference für String
var Heimatflughafen = "Essen/Mülheim";
Console.WriteLine(Heimatflughafen.GetType().FullName);

// Local Variable Type Inference für Int32
var Anzahl = Vorstandsmitglieder.Count;
Console.WriteLine(Anzahl.GetType().FullName);

// Local Variable Type Inference für die Klasse Vorstandsmitglied
var Vorstandschef = Vorstandsmitglieder[0];
Console.WriteLine(Vorstandschef.GetType().FullName);
```

Hinweis: Die Typableitung heißt lokal, weil sie nur für lokale Variablen in Methoden möglich ist. Ein Einsatz als Attribut einer Klasse bzw. Parameter oder Rückgabewert einer Methode ist ausgeschlossen. Eine Typableitung muss immer mit einer Wertinitialisierung verbunden sein, da sonst keine Typableitung möglich ist. null bzw. nothing ist nicht erlaubt, da hier keine Typableitung möglich ist.

Man kann die Typableitung auch für Laufvariablen in Schleifen verwenden.

Wichtig: Bei vielen Entwicklern herrscht zunächst Skepsis über den Sinn der lokalen Typableitungen. Tatsächlich machen Typableitungen für sich isoliert betrachtet nur einen begrenzten Sinn. Typableitungen sind jedoch absolut notwendig im Zusammenhang mit anonymen Typen und LINQ-Projektionen. In beiden Szenarien entstehen Klassen, deren Namen der Entwickler nicht kennen kann.

Man darf Typableitung nicht mit dem Einsatz der allgemeinen Klasse System.Object verwechseln. Eine mit System.Object (alias object oder Object) deklarierte Variable kann tatsächlich im Programmablauf verschiedenartigste Inhalte aufnehmen. Eine mit lokaler Typableitung deklarierte Variable hingegen hat einen festen, unveränderbaren Typ.

Tipp: Gerade bei der Klasseninstanziierung in C# kann man durch die Typableitung die überflüssige Doppelnennung des Klassennamens vermeiden, denn man schreibt nun statt

```
Vorstandsmitglied v1 = new Vorstandsmitglied();
```

kürzer:

```
var v2 = new Vorstandsmitglied();
```

Die neue Schreibweise hat keinen Nachteil!

```
Vorstandsmitglied v1 = new Vorstandsmitglied();
Vorstandsmitglied v2 = new Vorstandsmitglied();
```

Abbildung:Beim Betrachten mit dem Decompiler .NET Reflector sieht man, dass der Compiler beide Zeilen gleich übersetzt hat

9.8   Gültigkeit von Variablen

Eine innerhalb eines Anweisungsblocks { ... } deklarierte Variable ist nur innerhalb des Blocks gültig, nicht in der ganzen Unterroutine.

```
public void Aktion()
{
 int a = 1;
 {
  int b = 2;
  Console.WriteLine($"{a}+{b}={a}{b}");
 }
 // geht nicht, denn b ist hier nicht mehr gültig
 // Console.WriteLine($"{a}+{b}={a}{b}");
}
```

9.9   Typprüfungen

Mit GetType() ermittelt man von einer Variablen den Typ in Form einer Instanz der .NET-Klasse System.Type. Dies kann man mit dem Typ einer anderen Variablen vergleichen oder dem statischen Ausdruck typeof(Typ). Solch ein Vergleich macht nur Sinn für variablen des Typs object oder dynamic. Wenn eine Variable typisiert ist (auch bei Einsatz des Schlüsselwortes var), wird die Prüfung immer nur für diesen Typ erfolgreich sein, selbst wenn eine Konvertierung in einen anderen Typ möglich wäre (hier am Beispiel: "5" ist eine Zeichenkette, keine Zahl). Eine solche Typkonvertierung muss man explizit implementieren (siehe nächstes Unterkapitel).

```
// Dieser Wert wurde eingegeben
object eingabe = "Holger";

if (eingabe.GetType() == typeof(string)) { Console.WriteLine("Eingabe ist ein
Text"); } // wahr

 eingabe = 1;
 if (eingabe.GetType() == typeof(int)) { Console.WriteLine("Eingabe ist eine
Zahl"); } // wahr

 dynamic eingabe2 = "Holger";
```

```
    if (eingabe2.GetType() == typeof(string)) { Console.WriteLine("Eingabe ist ein
Text"); } // wahr


    eingabe2 = 1;
    if (eingabe2.GetType() == typeof(int)) { Console.WriteLine("Eingabe ist eine
Zahl"); } // wahr


    var name = "Holger Schwichtenberg";
    if (name.GetType() == typeof(string)) { Console.WriteLine("name ist ein
Text"); } // wahr


     name = "5";
    if (name.GetType() == typeof(int)) { Console.WriteLine("name ist eine Zahl");
} // falsch
```

9.10   Typkonvertierung

Typkonvertierung bezeichnet die Umwandlung von einem Datentyp in einen anderen, z.B. Umwandeln einer Zahl in eine Zeichenkette oder Extrahieren einer Zahl aus einer Zeichenkette.

In C# kommt immer eine sehr strenge Typprüfung zum Einsatz, wohingegen sie in Visual Basic .NET explizit (mit Option Strict) eingeschaltet werden muss. Für

```
int zahl = 1;
```

sind folgende Konstrukte nicht gültig:

```
// falsch: string text = zahl;
// falsch: string text = ((string) zahl);
// falsch: string text = zahl as string;
```

```
int zahl = 1;
string text = zahl;
```

```
[⚙] (local variable) int zahl

Cannot implicitly convert type 'int' to 'string'
```

Abbildung: Der Compiler ist streng

Die Konvertierung von Zahl zu Text ist nur möglich über die ToString()-Methode oder über die FCL-Klasse System.Convert.

```
string text1 = zahl.ToString();
string text2 = Convert.ToString(zahl);
```

Darüber hinaus bieten alle Klassen für Zahlen (System.Byte, System.Int16, System.Int32, etc.) sowie einige andere Typen wie System.Version und System.Guid die Möglichkeit, den Typ aus einer Zeichenkette zu extrahieren mithilfe der Methoden Parse() und TryParse().

```
    decimal eingabezahlA;
    if (System.Decimal.TryParse(eingabeA, out eingabezahlA))
    { Console.WriteLine("Eingabe ist die Zahl: " + eingabezahlA); }
    else
    { Console.WriteLine("Eingabe war keine Zahl!"); }
```

Ab C# 7.0 kann man mit sogennanten "Inline-out-Variablen" die Syntax verkürzen:

```
    string eingabeB = "123.45";
    if (System.Decimal.TryParse(eingabeB, out decimal eingabezahlB))
```

```
{ Console.WriteLine("Eingabe ist die Zahl: " + eingabezahlB); }
else
{ Console.WriteLine("Eingabe war keine Zahl!"); }
```

Wenn es nur um die Typprüfung, aber nicht um die Konvertierung geht, dann kann man bei Out die sogenannte Discard-Variable (_) einsetzen (ebenfalls ab C# 7.0).

```
string eingabeC = "123.45";
if (System.Decimal.TryParse(eingabeB, out _))
{ Console.WriteLine("Eingabe ist die Zahl!"); }
else
{ Console.WriteLine("Eingabe war keine Zahl!"); }
```

Zwischen polymorphen Klassen gibt es zwei Syntaxformen für die Typumwandlung:

```
pass = ((Passagier)a[0]);
pass = (a[0] as Passagier);
```

Der Unterschied zwischen der Schreibweise mit dem vorangestellten Typnamen und der Verwendung des as-Operators ist, dass in dem ersten Fall eine Ausnahme (InvalidCastException) erzeugt wird, wenn die Konvertierung nicht möglich ist, während der as-Operator in diesem Fall null zurückliefert.

> Darüberhinausgehende Typkonvertierungen sind in der .NET-Klassenbibliothek hinterlegt, insbesondere in der Klasse System.Convert.

9.11   Dynamische Typisierung

Dynamische Typisierung bedeutet, dass die Einsprungstelle für einen Attributzugriff oder einen Methodenaufruf nicht zur Kompilierzeit feststeht (statische Typisierung), sondern erst zur Laufzeit ermittelt wird. Grundsätzlich ist statische Typisierung erstrebenswert, aber nicht immer ist dies möglich. Unmöglich ist die statische Typisierung zum Beispiel bei der Verwendung von COM-Bibliotheken, die als Datentypen Variant verwenden. Oder beim Zusammenspiel mit dynamischen Sprachen wie IronPython.

> **Achtung:** Bei dynamischer Typisierung kann Visual Studio keine IntelliSense-Eingabeunterstützung bieten. Dynamische Typisierung birgt immer die Gefahr, dass die entsprechende Aktion nicht verfügbar ist, sei es durch einen Tippfehler oder weil ein anderes Objekt geliefert wird, als erwartet wurde. Wenn die Bindung nicht möglich ist, kommt es zum Laufzeitfehler (RuntimeBinderException).

```
public static void ExcelDemo()
{
dynamic excel = Activator.CreateInstance(Type.GetTypeFromProgID
("Excel.Application"));
excel.Visible = true;
dynamic workBook = excel.Workbooks.Add();
excel.Cells[1, 1].Value2 = "Test";
workBook.SaveAs (@"C:\temp\testdatei.xls");
excel.Close();
}

}
}
```

⚠ **RuntimeBinderException was unhandled**

'Microsoft.Office.Interop.Excel.ApplicationClass' does not contain a definition f 'Close'

Abbildung: Laufzeitfehler, denn die Methode zum Schließen wäre Quit() statt Close() gewesen

In C# wurde die dynamische Typisierung erst in C# 4.0 auf einfache Weise ermöglicht. Vorher musste man sehr umständlich mit dem .NET-Reflection-Mechanismus arbeiten. C# bietet seit Version 4.0 dafür das Schlüsselwort dynamic.

Um dynamic in C# zu nutzen, muss man die Assembly Microsoft.CSharp.dll referenzieren. Es kommt sonst zum Fehler »Predefined type 'Microsoft.CSharp.RuntimeBinder.Binder' is not defined or imported.«

Listing: Verwendung der dynamischen Typisierung in C# [CS10_Dynamic.cs]

```
/// <summary>
/// Beispiel für dynamische Nutzung einer COM-
Bibliothek (hier: Microsoft Excel)
/// </summary>
public static void ExcelDemo()
{
dynamic excel = Activator.CreateInstance(Type.GetTypeFromProgID("Excel.Applicat
ion"));
excel.Visible = true;
dynamic workBook = excel.Workbooks.Add();
excel.Cells[1, 1].Value2 = "Test";
workBook.SaveAs (@"C:\temp\testdatei.xls");
excel.Quit();
}
```

9.12   Pattern Matching

Typkonvertierungen von dem Typ System.Object in einen beliebigen anderen Typ können ab C# 7.0 in if- und switch-Bedingungen leichter realisiert werden mit Pattern Matching. Mit dem Operator is kann der Entwickler ein Objekt in einer auf System.Object deklarierten Variablen auf einen beliebigen .NET-Typ prüfen und bei erfolgreicher Prüfung in eine zweite Variable, die nach dem Typ anzugeben ist, konvertieren lassen (siehe Listing). Anstelle der Bedingung eingabe == null kann der Entwickler in C# 7.0 auch eingabe is null schreiben.

Listing: Pattern Matching erlaubt Typprüfung und Typkonvertierung in einem Abwasch.

```
// Beispiel: Ein Eingabewert, der aus einer Import-Datei kommt
object eingabe = 123;
// ...

if (eingabe is int zahl) { Console.WriteLine(zahl * 2); }
else { Console.WriteLine("Keine Zahl!"); }

if (eingabe is null) { Console.WriteLine("Leer"); }

switch (eingabe)
{
 case int z:
  Console.WriteLine("Das Doppelte ist: " + z * 2);
  break;
 case string s:
  Console.WriteLine(s);
  break;
 case bool b:
  if (b) Console.WriteLine("Die Aussage ist wahr!");
  break;
 case null:
```

```
      Console.WriteLine("Kein Wert");
    break;
  default:
    break;
}
```

9.13   Wertelose Wertetypen (Nullable Value Types)

Während Referenztypen bereits in .NET 1.x den Zustand null als Repräsentanz des Zustands nicht vorhanden / nicht gesetzt annehmen konnten, war dies für Wertetypen nicht vorgesehen. Ab .NET 2.0 existiert ein Hilfskonstrukt, um auch Wertetypen den Wert null zuweisen zu können.

In .NET (ab Version 2.0) ist ein auf null setzbarer Wertetyp eine generische Struktur (System.Nullable), die aus dem eigentlichen Wert (Value) und einem Hilfs-Flag HasValue (Typ boolean) besteht, das anzeigt, ob der Wert des Typs Null ist.

C# unterstützt Nullable Value Types bereits seit Version 2005 durch ein besonderes Sprachkonstrukt: Durch ein Fragezeichen als Suffix eines Wertetyps in einer Typdeklaration sorgt der C#-Compiler automatisch dafür, dass der Wertetyp in die generische System.Nullable-Struktur verpackt wird. Möglich ist auch eine explizite Deklaration mit System.Nullable.

```
// Wertetyp ohne Null
int a = 1;
int b = 0;
// Wertetyp mit Null erlaubt
int? x = 2;
System.Nullable<Int32> y = 6;
```

Die folgende Tabelle zeigt verschiedene Ergebnisse für Operationen mit den obigen Variablen.

Operation	Ergebnis, wenn x den Wert 2 hat	Ergebnis, wenn x null ist
string s1 = x.HasValue.ToString();	True	False
string s2 = x;	X	Kompilierungsfehler
string s3 = x.Value.ToString();	X	Laufzeitfehler
string s4 = x.ToString();	X	Leere Zeichenkette
int? z = x + 10;	12	Null
int a1 = x;	2	Kompilierungsfehler
int a2 = (int)x;	2	Laufzeitfehler
int a3 = x ?? 0;	True	0

Tabelle: Verschiedene Operationen mit wertelosen Wertetypen in C# seit Version 2005

Bitte beachten Sie, dass man den Typ string (System.String) nicht als wertelosen Wertetyp verwenden kann, da String kein Wertetyp ist, sondern ein Referenztyp, der sich in einigen Punkten (z.B. Wertzuweisungen) verhält wie ein Wertetyp. Richtig ist also string i = null; statt string? i = null;

Listing: Verschiedene Beispiele mit Nullable Types

```
public void NullableTypes()
```

```
{
  int a = 1;
  // Elegante Deklaration in C#
  int? b = 2;
  // a = null; // verboten!
  b = null; // Erlaubt
  // Explizite Deklaration
  System.Nullable<Int32> c = null;
  c = 100;
  Demo.Print(c.HasValue.ToString());
  Demo.Print(c.Value.ToString()); // Achtung: Geht nur, wenn c tatsächlich einen
Wert hat!
  // Besser: "Null" abfangen
  Demo.Print ("b = " + ( b.HasValue ? b.Value.ToString() : "null"));
}
```

	C#	Visual Basic .NET
Deklaration eines normalen Wertetyps	int a;	Dim a As Integer
Zuweisung des nicht vorhandenen an einen normalen Wertetyp	Nicht möglich (Kompilierungsfehler)	a = nothing setzt den Wert auf die Zahl 0 bzw. anderen Startwert (z.B.z.B. DateTime.MinValue)
Deklaration eines wertelosen Wertetyps in Langform	System.Nullable<Int32> x = null	Dim x As System.Nullable(Of Integer) = Nothing
Deklaration eines wertelosen Wertetyps in Kurzform	int? x = null;	Integer? x = nothing;
Ausdruck x	Liefert Wert oder null	Visual Basic .NET 2005: Nicht möglich (Kompilierungsfehler) Ab Visual Basic .NET 2008: Liefert Wert oder null
Ausdruck x.Value	Liefert Wert oder Laufzeitfehler (»Das Objekt mit Nullwert muss einen Wert haben.«)	Liefert Wert oder Laufzeitfehler (»Das Objekt mit Nullwert muss einen Wert haben.«)
Ausdruck x.HasValue	Liefert true oder false	Liefert true oder false
Ausdruck x + 1	Liefert null, wenn x gleich null	Visual Basic .NET 2005: Nicht möglich (Kompilierungsfehler) Ab Visual Basic .NET 2008: Liefert null, wenn x gleich null
Zuweisung x = a	Erlaubt, liefert a	Erlaubt, liefert a
Zuweisung a = x	Kompilierungsfehler: Verbotene Typkonvertierung	Mit Option Strict: Verbotene Typkonvertierung Ohne Option Strict: Laufzeitfehler

		(»Das Objekt mit Nullwert muss einen Wert haben.«), wenn x gleich null
Zuweisung a = (int) x bzw. a = CType(x, Integer)	Laufzeitfehler (»Das Objekt mit Nullwert muss einen Wert haben.«), wenn x gleich null	Laufzeitfehler (»Das Objekt mit Nullwert muss einen Wert haben.«), wenn x gleich null

Konvertierung eines wertelosen Wertetyps in einen normalen Wertetypen mit der Semantik: liefert x, wenn x einen Wert hat oder Zahl 0, wenn x gleich null.	a = x ?? 0	If x.HasValue Then
		    a = x.Value
		Else
		    a = 0
		End If

Tabelle: Gegenüberstellung der Behandlung von wertelosen Wertetypen in C# und Visual Basic .NET

10 Operatoren

Es gibt drei wichtige Unterschiede zwischen den Operatoren in Visual Basic .NET und C#, die bei Portierungen von Code zu beachten sind:

- Das Gleichheitszeichen = ist in C# immer der Zuweisungsoperator. Zum Vergleichen müssen immer zwei Gleichheitszeichen = = verwendet werden.

- Zeichenkettenverknüpfungen erfolgen immer mit dem Pluszeichen (+). Das kaufmännische Und (&) ist nicht erlaubt.

- Die logischen Operatoren Und (&&) und Oder (||) verwenden immer die Short-Circuit-Auswertung, d. h., die folgenden Teile eines Ausdrucks werden nicht mehr ausgewertet, sobald feststeht, dass der Ausdruck nicht mehr wahr werden kann

- Für den Objektvergleich verwendet C# die normalen Vergleichsoperatoren == und !=

- Bei der Division ist es vom Typ der Operanden abhängig, ob die Division als Ganzzahldivision ausgeführt wird

Ein C#-Operator, für den es keine Entsprechung in Visual Basic .NET gibt, ist das doppelte Fragezeichen. ?? liefert (ab C# 2005) den Wert des vorangestellten Ausdrucks, wenn dieser nicht Null ist. Wenn der Wert Null ist, wird der Wert des nachfolgenden Ausdrucks übergeben.

Listing: Einsatz des ??-Operators

```
// Umwandlung eines Nullable Int in einen Int
int? d = null;
int e = d ?? -1;
// Behandlung eines String
string s = null;
Demo.Print ("s = " + (s ?? "(kein Inhalt)"));
```

Leider ist der Operator nicht hilfreich, wenn man einen wertelosen Zahlenwert ausgeben möchte, weil beide Operanden den gleichen Typ besitzen müssen.

```
Demo.Print("d = " + (d ?? "null")); // geht leider nicht :-(
```

	Visual Basic	C#	Visual J#	C++	JScript
Mathematik					
Addition	+	+	+	+	+
Subtraktion	–	–	–	–	–
Multiplikation	*	*	*	*	*
Division	/	/	/	/	/
Ganzzahldivision	\	/	n / a	n / a	n / a
Modulus	Mod	%	%	%	%
Potenz	^	n / a	n / a	n / a	n / a
Negation	Not	~	~	~	~
Inkrement	n / a	++	++	++	++
Dekrement	n / a	- -	- -	- -	- -

Zuweisung					
Einfache Zuweisung	=	=	=	=	=
Addition	+ =	+ =	+ =	+ =	+=
Subtraktion	- =	- =	- =	- =	- =
Multiplikation	*=	*=	*=	*=	*=
Division	/=	/=	/=	/=	/=
Ganzzahl-Division	\=	/=	n / a	n / a	n / a
Zeichenkettenverbindung	&=	+=	+=		+=
Modulus (Divisionsrest)	n / a	%=	%=	%=	%=
Bit-Verschiebung nach links	<< =	<< =	<< =	<< =	<< =
Bit-Verschiebung nach rechts	>> =	>> =	>> =	>> =	>> =
Bit-weises UND	n / a	&=	&=	&=	&=
Bit-weises XOR	n / a	^=	^=	^=	^=
Bit-weises OR	n / a	|=	|=	|=	|=
Vergleich					
Kleiner	<	<	<	<	<
Kleiner gleich	< =	< =	< =	< =	< =
Größer	>	>	>	>	>
Größer gleich	> =	> =	> =	> =	> =
Gleich	=	= =	= =	= =	= =
Nicht gleich	< >	!=	!=	!=	!=
Objektvergleich	Is	= =	= =	n / a	= =
Objektvergleich (negativ)	IsNot	!=	!=	n / a	!=
Objekttypvergleich	TypeOf x Is Class1	x is Class1	x instanceof Class1	n / a	Instanceof
Zeichenkettenvergleich	=	= =	n / a	n / a	= =
Zeichenkettenverbindung	&	+	+	n / a	+
Logische Operatoren					

UND	And	&&	&&	&&	&&
ODER	Or	||	||	||	||
NICHT	Not	!	!	!	!
Short-circuited UND	AndAlso	&&	&&	&&	&&
Short-circuited ODER	OrElse	||	||	||	||
Bit-Operatoren					
Bit-weises UND	And	&	&	&	&
Bit-weises XOR	Xor	^	^	^	^
Bit-weises OR	Or	|	|	|	|
Bit-Verschiebung nach links	<<	<<	<<	<<	<<
Bit-Verschiebung nach rechts	>>	>>	>>	>>	>>, >>>
Sonstiges					
Bedingt	IIF-Funktion und If-Operator	?:	?:	?:	?:
Bedingt (für Nullable Types)	n / a	?? :	n / a	n / a	n / a

Tabelle: Vergleich der Operatoren in verschiedenen .NET-Sprachen

10.1   Operator ?.

Zu den sehr praktischen Neuerungen C# 6.0 gehört der Fragezeichen-Punkt-Operator (?.), der im Gegensatz zu dem einfachen Punkt-Operator keinen Laufzeitfehler auslöst, wenn der Ausdruck vor dem Punkt keinen Wert besitzt, also "null" (in C#) beziehungsweise "nothing" (in Visual Basic .NET) liefert.

In der folgenden Zeile ist der Inhalt der Variablen name null, wenn entweder:

- Die Variable repository null ist
- Die Methode GetKontakt(123) null liefert
- Oder das String-Attribut Name im gelieferten Kontakt-Objekt null ist.

```
string name = repository?.GetKontakt(123)?.Name;
```

> **Hinweis:** Auf den ersten Blick könnte man denken, dass hier die Ursache für einen Fehler nicht mehr erkennbar ist. In vielen Fällen geht es aber gar nicht darum, die Ursache für einen Fehler zu kennen, sondern primär erstmal darum, dass es gar keinen Fehler gibt. Hier hilft der Operator ?. sehr.

10.2   Operator nameof()

Der in C# 6.0 und Visual Basic 14 neu eingeführte Operator nameof() liefert den Namen eines Bezeichners als Zeichenkette (bei mehrgliederigen Namen nur den letzten Teil). Dieser Operator erhöht die Robustheit und erleichtert das Refactoring in Situationen, in denen der Name einer Klasse oder eines Klassenmitglieds als Zeichenkette zu übergeben ist.

Listing: Einsatz des Operators nameof() für PropertyChangedEventArgs

```
public void SaveKontakt(Kontakt neuerKontakt)
{
 if (neuerKontakt == null) throw new
ArgumentNullException(nameof(neuerKontakt));
 ...
}
```

Listing: Einsatz des Operators nameof() für ArgumentNullException

```
public int KontaktAnzahl
{
 get { return kontaktAnzahl; }
 set
 {
  PropertyChanged(this, new PropertyChangedEventArgs(nameof(KontaktAnzahl)));
  kontaktAnzahl = value;
 }
}
```

11 Schleifen

Sowohl Visual Basic .NET als auch C# unterstützen vier Typen von Schleifen:

- Kopfgeprüfte bedingte Schleifen while (bedingung) { … }

- Fußgeprüfte bedingte Schleifen do { … } while(Bedingung)

- Zählschleifen: Schleife mit einer bestimmten Anzahl von Durchläufen
  for ([Initialisierung];[Abbruchbedingung];[Iteration]) { … }

- Mengenschleifen: Schleifen über alle Mitglieder eines Arrays oder andere Objektmenge, welche die IEnumerable-Schnittstelle unterstützen (insbesondere die Klassen aus dem FCL-Namensraum System.Collections): foreach (x in y) { …

Das Besondere an der for-Schleife ist, dass alle drei Bestandteile der runden Klammer optional sind. Das nachfolgende Beispiel enthält daher eine gültige for-Schleife, bei der Initialisierung, Abbruchbedingung und Iteration in eigenen Codezeilen enthalten sind. Eine innerhalb eines Anweisungsblocks einer Schleife deklarierte Variable ist nur innerhalb des Blocks gültig, nicht in der ganzen Unterroutine.

Normale For-Schleife	For-Schleife ohne Inhalt in den runden Klammern

for (int a = 0; a <= 10; a++)
 	
{
 	
…
 	
}
	int b = 0;
	for (; ;)
	{
	  b++;
	  if (b > 10) break;
	  …
	}

Tabelle: Beispiele für For-Schleifen in C#

> Um eine aufzählbare Objektmengenklasse zu implementieren, leitet man diese von einer bestehenden aufzählbaren Klasse (aus dem Namensraum System.Collections) ab oder implementiert IEnumerable selbst unter Verwendung des Schlüsselworts yield, das mit C# 2005 neu eingeführt wurde.

Listing: Beispiele für Schleifen

```
// 1. For-Schleife
   for (int a = 1; a <= 10; a++)
   {
     Console.WriteLine($"a={a}");
   }


   // 2. Endlos-For-Schleife mit Abbruchbedingung
   int b = 0;
   for (;;)
   {
    b++;
    Console.WriteLine($"b={b}");
    if (b >= 10) break;
   }
```

```
// 3. while-Schleife
int c = 0;
while (c < 10)
{
 c++;
 Console.WriteLine($"c={c}");
}

// 4. do-while-Schleife
int d = 0;
do
{
 d++;
 Console.WriteLine($"d={d}");
} while (d < 10);

// 5. foreach-Schleife
IEnumerable<int> zahlen = Enumerable.Range(1, 10);
foreach (int e in zahlen)
{
 Console.WriteLine($"e={e}"); ;
}
```

11.1   Iterator-Implementierung mit yield (Yield Continuations)

Iteratoren sind ein .NET-Entwurfsmuster zur Erzeugung aufzählbarer Mengen, die mit for…each durchlaufen werden können. Das in C# 2005 eingeführte Schlüsselwort yield vereinfacht die Iterator-Implementierung erheblich. Yield liefert ähnlich wie return einen Wert an den Aufrufer zurück. Anders als beim Einsatz von return beginnt die CLR beim nächsten Aufruf der Methode nicht am Anfang der Routine, sondern setzt die Bearbeitung nach dem yield fort. Das nächste Listing zeigt eine einfache Iterator-Klasse, die die deutschen Bundeskanzler aufzählt. Sinn macht ein solcher Iterator, wenn zwischen den Schritten irgendeine Art von Verarbeitung stattfindet, wenn z.B. die Daten aus einem Datenspeicher geholt oder dynamisch berechnet werden.

Listing: Iterator-Implementierung und -Nutzung in C# 2005

```
public class KanzlerListe : IEnumerable
{
  public IEnumerator GetEnumerator()
  {
   // Logik !!!
   yield return "Adenauer";
   // Logik !!!
   yield return "Erhard";
   // Logik !!!
   yield return "Kiesinger ";
   // Logik !!!
   yield return "Brandt";
   // Logik !!!
   yield return "Schmidt";
   // Logik !!!
   yield return "Kohl";
   // Logik !!!
   yield return "Schröder";
   // Logik !!!
```

```
    yield return "Merkel";
    // Ende
    yield break;
    }
}
class Iteratoren
{
public static void run()
    {
    KanzlerListe k2 = new KanzlerListe();
    foreach (string s in k2)
    {    Console.WriteLine(s);    }
    }
}
```

11.2   Praxisbeispiel für yield

Das vorstehende Beispiel ist nur ein Lernbeispiel. Eine Schleife über eine Menge von
Zeichenketten hätte man auch einfacher realisieren können. Ein echtes Praxisbeispiel für den
Einsatz   von   Yield   finden   Sie   in
der World Wide Wings-Anwendung in Form der Klasse FlugMengePaging. Diese Klasse
implementiert IEnumerable<Flug>, um die in der Datenbank vorhandenen Flüge seitenweise aus
der Datenbank auszulesen, wobei die Seitengröße definierbar ist. Der Client soll von dem Paging
nichts mitbekommen, wenn er nicht will: Der Client kann mit einer ganz normalen For/Each-
Schleife über die Datensätze iterieren. Optional kann der Client das Ereignis SeitenWechsel, das
die Klasse FlugMengePaging auslöst, abonnieren und damit über den Seitenwechsel informiert
werden.

Abbildung: Nutzung der Klasse FlugMengePaging

Das folgende Listing zeigt die Implementierung der Klasse FlugMengePaging, die zwei
Generische Klassen der .NET-Klassenbibliothek verwenden:

- Zum einen die generische Variante von IEnumerable: IEnumerable<Flug>

- Zum anderen die generische Klasse EventHandler<> zur Deklaration eines Ereignisses.

Listing: Praxisbeispiel zum Einsatz von Yield, Ereignissen und Generics

```
/// <summary>
/// Klasse für Ereignisparameter beim Paging in der Geschäftslogik
/// </summary>
public class PagingInfo : System.EventArgs
{
  public long AnzahlObjekteGesamt;
  public long SeitenGroesse;
  public long AnzahlSeiten;
  public long AktuelleSeite;
  public long AnzahlObjekteInAktuellerSeite;

  public PagingInfo(long AnzahlObjekteGesamt, long AnzahlSeiten, long
SeitenGroesse, long AktuelleSeite, long AnzahlInAktuellerSeite)
  {
    this.AnzahlObjekteGesamt = AnzahlObjekteGesamt;
    this.AnzahlSeiten = AnzahlSeiten;
    this.SeitenGroesse = SeitenGroesse;
    this.AnzahlObjekteInAktuellerSeite = AnzahlInAktuellerSeite;
    this.AktuelleSeite = AktuelleSeite;
  }
}


 /// <summary>
 /// FlugMenge ist die typisierte Menge von Flug-Objekten, die mithilfe der
Klasse
 /// <see cref="System.Collections.Generic.List"/> implementiert ist. Diese
Variante holt immer
 /// nur eine definierbare Menge (Attribut SeitenGroesse) aus der Datenbank.
 /// </summary>
public class FlugMengePaging : IEnumerable<Flug>
{
  private int _SeitenGroesse = 10;
  /// <summary>
  /// Maximale Anzahl von Objekten, die in einer Datenseite abgeholt werden
  /// </summary>
  public int SeitenGroesse
  {
   get { return _SeitenGroesse; }
   set { _SeitenGroesse = value; }
  }
  // Ereignis beim Wechsel der Datenseite
  public event EventHandler<PagingInfo> SeitenWechsel;
  public FlugMengePaging(int SeitenGroesse)
  {
    this.SeitenGroesse = SeitenGroesse;
  }
  #region IEnumerable<Flug> Members
  public IEnumerator<Flug> GetEnumerator()
  {
   int Anzahl = new FlugBLManager().Count();
   int Seiten = Anzahl / SeitenGroesse;

   for (int i = 0; i < Seiten; i++)
   {
     // Nächste Datenseite abholen
     FlugMenge ff = FlugBLManager.HoleAlle(SeitenGroesse, i * SeitenGroesse + 1);
     // Ereignis auslösen
     if (SeitenWechsel != null) SeitenWechsel(this, new PagingInfo(Anzahl, Seiten,
                                             SeitenGroesse, i + 1, ff.Count));
     // Elemente der aktuellen Seite in einer Schleife zurückgeben
     foreach (Flug f in ff)
     {     yield return f;     }
```

```
    }
  yield break;
}
```

12 Verzweigungen

Für die Verzweigung im Programmcode unterstützt C# die gleichen Konstrukte wie Visual Basic .NET (einfache Verzweigungen und Mehrfachverzweigungen), jedoch mit etwas anderer Syntax:

- if (Bedingung) {...} else {...}

- switch (Bedingung) { case Wert:... default:... }

Bei der switch-Anweisung sind im Vergleich zu der Select-Anweisung in Visual Basic .NET folgende Punkte zu beachten:

- Jeder Fall muss mit einer break-Anweisung abgeschlossen werden

- Anders als in Visual Basic .NET kann man bei C# keine Wertebereiche nach case angeben

Listing: Fallunterscheidungen in C#

```
if (note < 1 || note > 6) throw new ApplicationException("ungültige Note!");
if (note < 3) Console.WriteLine("akzeptable Leistung");
else Console.WriteLine("zu schlecht");

switch (note)
{
 case 1: e = "sehr gut"; break;
 case 2: e = "gut"; break;
 case 3: e = "befriedigend"; break;
 default: e = "zu schlecht"; break;
}
```

Eine innerhalb eines Anweisungsblocks { ... } einer Bedingung deklarierte Variable ist nur innerhalb des Blocks gültig, nicht in der ganzen Unterroutine.

13   Klassendefinition

Klassen sind in .NET das zentrale Konzept zur Aufnahme von Daten und Programmcode. Eine Klassendefinition erstellt eine neue Klasse.

Klassen können folgende Elemente enthalten:

- Attribute in Form von Feldern oder Property-Routinen

- Methoden mit und ohne Rückgabewerte (Function/Sub)

- Ereignisse (Events)

> **Hinweis:** Sowohl in C# als auch in Visual Basic .NET gilt: Anders als in Java darf eine Quellcodedatei beliebig viele Klassen enthalten und der Name der Quellcodedatei muss nicht dem in der Datei implementierten Klassennamen entsprechen. Die in Visual Studio integrierten Refactoring-Funktionen (Funktionen zur nachträglichen Umgestaltung von Programmcode) werden für C#-Klassen allerdings automatisch tätig, wenn eine Quellcodedatei umbenannt wird, die eine Klasse mit gleichem Namen enthält. In diesem Fall wird auch die Klasse umbenannt.

13.1   Klassendefinitionen

Klassen werden in C# durch das Schlüsselwort class und einen Block mit geschweiften Klammern gebildet.

Das Listing zeigt die Implementierung der Klasse Person mit zahlreichen Klassenmitglieder, die in den folgenden Kapiteln näher erläutert werden.

Listing: Implementierung der Klasse Person in C#

```
#region Namensräume einbinden

using System;
using System.Collections.Generic;
using System.Text;

#endregion

namespace de.WWWings
{

  /// <summary>
  /// Basisklasse für Mitarbeiter und Passagiere
  /// </summary>
  [System.Serializable()]
  public class Person
  {
    #region Attribute (Fields)
    private string _personalausweisNr;
    #endregion

    #region Attribute (Properties)
    public string PersonalausweisNr
    {
      get { return _personalausweisNr; }
      set { _personalausweisNr = value; }
    }
    private string _vorname;

    public string Vorname { get; set; }
    public string Nachname { get; set; }
```

```csharp
public DateTime Geburtsdatum { get; set; }
#endregion

#region  Errechnete Attribute (Properties)

/// <summary>
/// Liefert Vorname und Nachname
/// </summary>
public string GanzerName
{
 get
 {
  return this.Vorname + " " + this.Nachname;
 }
}
#endregion

#region  Konstruktoren
public Person()
{
}
public Person(string Nachname, string Vorname)
{
 this.Vorname = Vorname;
 this.Nachname = Nachname;
}
#endregion

#region Methoden


/// <summary>
/// Überschreiben einer geerbten Methode
/// </summary>
public override string ToString()
{
 return "Person: " + this.GanzerName;
}

public virtual void Info()
{

 Console.WriteLine(this.ToString());
}
#endregion
}
}
```

13.2   Klassenverwendung

Eine Klasse wird mit dem Operator new instanziiert.

```csharp
// Person instanziieren mit parameterlosem Konstruktor
Person p1 = new Person();
p1.Vorname = "Holger";
p1.Nachname = "Schwichtenberg";

Console.WriteLine(p1.GanzerName);
Console.WriteLine(p1.ToString());
Console.WriteLine(p1); // entspricht ToString()

// Person instanziieren mit Konstruktorparametern
Person p2 = new Person("Schwichtenberg", "Holger");
```

```
Console.WriteLine(p2.GanzerName);
Console.WriteLine(p2.ToString());
Console.WriteLine(p2); // entspricht ToString()
```

13.3   Geschachtelte Klassen (eingebettete Klassen)

Klassendefinitionen können Klassendefinitionen (innere Klassen) enthalten.

```
class PersonMitAdresseClient
{
  public static void Run()
  {
   var p = new PersonMitAdresse();
   p.Adresse = new PersonMitAdresse.AdressKlasse();
   p.Name = "Holger Schwichtenberg";
   p.Adresse.Ort = "Essen";

  }

}
/// <summary>
/// Äußere Klasse
/// </summary>
class PersonMitAdresse
{
  public class AdressKlasse
  {
   public string Strasse { get; set; }
   public string PLZ { get; set; }
   public string Ort { get; set; }
  }

  public int ID { get; set; }
  public string Name { get; set; }
  public AdressKlasse Adresse { get; set; }
 }
}
```

13.4   Sichtbarkeiten/Zugriffsmodifizierer

Eine Klasse ist im Standard nur in ihrem Projekt sichtbar. Wenn das Kompilat des Projekts in anderen Projekten referenziert wird und die Klasse verwendetbar sein soll, muss der Modifizierer public vor die Klasse geschrieben werden.

public class Person { ... }

Für innere Klasse kann man auch anwenden:

- private: Die Klasse kann nur innerhalb der äußeren Klasse verwendet werden

- internal: Die Klasse kann innerhalb der gleichen Assembly verwendet werden.

- public: Die Klasse kann auch in referenzierenden Assemblies verwendet werden.

Klassenmitglieder können folgende Sichtbarkeiten haben:

- private: Das Mitglied kann nur innerhalb der Klasse genutzt werden

- protected: Das Mitglied kann innerhalb der Klasse und in abgeleiteten Klassen genutzt werden

- private protected: Ab C# 7.2 möglich für Klassenmitglieder: Das Klassenmitglied kann in einer abgeleiteten Klasse in der gleichen Assembly verwendet werden, nicht aber in anderen Assemblies

- internal: Das Mitglied kann in allen Klassen innerhalb der Assembly genutzt werden

- public: Das Mitglied kann in allen Klassen auch in referenzierenden Assemblys genutzt werden

---

Hinweis: Visual Basic .NET und C# unterscheiden sich bei den Klassendefinitionen außer bei friend/internal nur hinsichtlich der Groß-/Kleinschreibung der Schlüsselwörter. In C# müssen die Schlüsselwörter klein geschrieben werden. In Visual Basic .NET ist dies egal, der Editor schreibt die Wörter allerdings automatisch groß.

13.5 Statische Klassen

An die Stelle des Visual Basic .NET-Schlüsselworts Module tritt in C# seit Version 2005 das Konstrukt static class. Eine solche Klasse darf nur statische Mitglieder besitzen und nicht instanziiert werden, weil der Konstruktor automatisch als private deklariert ist. Die Klasse darf nur von System.Object erben.

Listing:Beispiel für eine statische Klasse in C#

```
static class StatischeKlasse
 {
  public static void StatischesMitglied() { … }
  // Nicht erlaubt: Instanzmitglied
  // public void InstanzMitglied();
 }
```

14 Strukturen

Strukturen mit dem Schlüsselwort struct anstelle von class sind eine besondere Form von Klassen. Die .NET-Laufzeitumgebung behandelt dieses Typen als Wertetypen und verwaltet Sie auf dem Stack statt auf dem Heap.

14.1 Wertetyp versus Referenztyp

Grundsätzlich sind alle Typen im .NET Framework Klassen, das .NET Framework ist also komplett objektorientiert, weil auch einfache Datentypen wie Zahlen als Objekte aufgefasst werden, auf denen man Methoden ausführen kann. So sind z.B. 5.ToString() und (123.45).ToString() gültige Ausdrücke. Klassen sind üblicherweise Referenztypen, d.h., im Stack wird ein Zeiger auf einen Speicherplatz im Heap vorgehalten.

Für einfache Datentypen ist diese Zwischenstufe jedoch sehr ineffizient. Microsoft hat daher im .NET Framework auch Wertetypen (alias Strukturen) vorgesehen, deren Inhalt direkt auf dem Stack abgelegt werden kann.

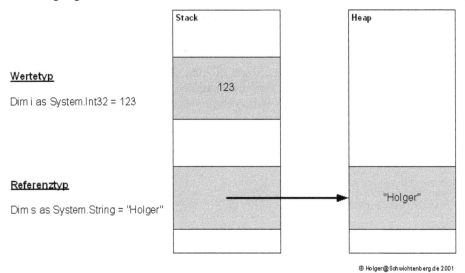

© Holger@Schwichtenberg.de 2001

Abbildung: Wertetyp versus Referenztyp im Hauptspeicher

Auch Wertetypen sind als Klassen implementiert und können daher die gleichen Mitglieder wie Klassen besitzen. Ihre Besonderheit besteht jedoch darin, dass sie von System.ValueType erben.

Die folgende Tabelle zeigt die Unterschiede zwischen Wertetyp und Referenztyp. Besonders zu erwähnen ist noch die Klasse System.String. Diese Klasse gehört zwar zu den Referenztypen, verhält sich aber beim Kopieren wie ein Wertetyp.

	Referenztyp	Wertetyp
Speicherort der Werte	Heap	Stack
Basisklasse	Direktes oder indirektes Erben von System.Object	Direktes oder indirektes Erben von System.ValueType

Setzen auf Null	Ja	Ja (ab .NET 2.0 mit der generischen Struktur Nullable – siehe Abschnitt »**Fehler! Verweisquelle konnte n icht gefunden werden.**«)
Vererbung an andere Klasse	Ja	Nein
Abonnement von Ereignissen	Ja	Nein
Instanziierung	Pflicht	Optional, Instanziierung führt zu Initialisierung
Vergleich	Referenzvergleich	Wertvergleich
Kopie	Referenzkopie (flache Wertkopie optional mit MemberwiseClone(), tiefe Kopie muss selbst entwickelt werden)	Wertkopie

Tabelle: Wertetyp versus Referenztyp

Ein Wertetyp kann explizit als ein Referenztyp behandelt werden. Dazu muss der Wertetyp in ein Objekt verpackt werden. Dieser Vorgang wird als Boxing bezeichnet. Der gegensätzliche Vorgang heißt Unboxing.

14.2 Deklaration von Strukturen

Eine Struktur wird in C# deklariert mit struct { .... }.

Eine Struktur kann Attribute (Fields und Properties), Ereignisse, Methoden, Konstruktoren, Operatoren und auch eingebettete Typen enthalten. Allerdings können Attribute nicht in der Strukturdefinition initialisiert werden.

Strukturen können Schnittstellen implementieren. Sie können aber nicht von Klassen oder anderen Strukturen erben. Mitglieder in Strukturen können daher nicht protected sein.

```
struct Experte
{

  public int ID { get; set; }
  public string Name { get; set; } // geht nicht! = "";
  public List<String> Themen { get; set; } // geht nicht! = new List<string>();

  public int ThemenAnzahl { get { return this.Themen.Count; } }
  public string GetThemenString()
  {
   return String.Join(", ", this.Themen);
  }
}
```

14.3   Verwendung von Strukturen

Das folgende Beispiel zeigt sehr eindrucksvoll den Charakter einer Struktur im Vergleich zu einer Klasse. Es wird eine Instanz der Struktor Dozent erzeugt und befüllt.

Es wird eine Kopie der Instanz angelegt. Dass dies eine Wertkopie und keine Referenzkopie ist, sieht man bei der Veränderung des Namens in der ursprünglichen Variablen. Die Kopie behält den alten Wert in dem Attribut Name.

Allerdings wirkt sich das Hinzufügen eines Themas zur Eigenschaft Themen auf beide Experten aus, auf das Original und die Kopie. Das liegt daran, dass List<string> ein Referenztyp ist. Bei dem Kopieren der Struktur wird also nur die Referenz auf die Themenliste kopiert.

Listing: Deklaration und Nutzung einer Struktur

```
CUI.Headline(nameof(StrukturenDemo));

Experte hs = new Experte();
hs.ID = 1;
hs.Name = "Holger Schwichtenberg";
hs.Themen = new List<string>();
hs.Themen.Add(".NET");
hs.Themen.Add("Web");
hs.Themen.Add("PowerShell");
hs.Themen.Add("Data Access");

Console.WriteLine(hs.Name + " ist Experte für " + hs.ThemenAnzahl + "
Themen!");

Experte hs_Klon = hs; // Wertkopie!
Console.WriteLine(hs_Klon.Name + " ist Experte für " + hs_Klon.ThemenAnzahl +
" Themen!");

Console.WriteLine("Namensergänzung");
hs.Name = "Dr. " + hs.Name;
Console.WriteLine(hs.Name + " ist Experte für " + hs.ThemenAnzahl + "
Themen!"); // mit Dr.
Console.WriteLine(hs_Klon.Name + " ist Experte für " + hs_Klon.ThemenAnzahl +
" Themen!"); // weiterhin kein Dr.!

Console.WriteLine("Themenergänzung");
hs.Themen.Add("Cloud & Docker");
Console.WriteLine(hs.Name + " ist Experte für " + hs.ThemenAnzahl + "
Themen!"); // 5 Themen!
Console.WriteLine(hs_Klon.Name + " ist Experte für " + hs_Klon.ThemenAnzahl +
" Themen!"); // 5 Themen!
```

```
StrukturenDemo
Holger Schwichtenberg ist Experte für 4 Themen!
Holger Schwichtenberg ist Experte für 4 Themen!
Namensergänzung
Dr. Holger Schwichtenberg ist Experte für 4 Themen!
Holger Schwichtenberg ist Experte für 4 Themen!
Themenergänzung
Dr. Holger Schwichtenberg ist Experte für 5 Themen!
Holger Schwichtenberg ist Experte für 5 Themen!
```

Abbildung: Ausgabe des obigen Listings

15 Attribute (Fields und Properties)

In diesem Buch werden – im Einklang mit der objektorientierten Lehre – die Datenmitglieder einer Klasse als "Attribute" bezeichnet, auch wenn Microsoft in der Vergangenheit mit diesem Begriff die Metadaten ("Annotationen") einer Klasse, einer Methode oder eines Attributs bezeichnet hat. Mehr dazu lesen Sie im Kapitel "Annotationen".

15.1 Felder (Field-Attribute)

Attribute ohne Codehinterlegung werden durch einfache Variablendeklarationen erzeugt. Felder können Public (sichtbar für die Klasse und alle Nutzer), Private (sichtbar nur für die Klasse) oder Protected (sichtbar für die Klasse und geerbte Klassen) sein.

In C# werden die Sichtbarkeitsmodifizierer vor den Variablennamen vorangestellt.

```
private string PersonalausweisNr;
public string Vorname, Nachname;
Protected System.DateTime Geburtstag;
Protected string Geburtsort = "unbekannt";
```

15.2 Eigenschaften (Property-Attribute)

Ein Property dient dazu, ein Attribut einer .NET-Klasse zu deklarieren, bei dem aber Programmcode sowohl beim Setzen des Werts als auch beim Lesen des Werts ausgeführt wird. Ein Property ist damit eine Mischung aus Attribut und Methode: Der Aufrufer sieht das Property als Attribut, die Klasse intern sieht zwei Methoden: Die Get-Methode (alias Getter) zum Lesen und die Set-Methode (alias Setter) zum Schreiben des Attributs. Getter und Setter können unterschiedliche Sichtbarkeiten besitzen (public, private, protected). Der Standard ist public.

Was tatsächlich in Getter und Setter ausgeführt wird, ist dem Entwickler überlassen. Typische Beispiele für die Nutzung von Properties sind:

- Im Getter wird ein Wert berechnet, statt ihn aus dem Speicher zu lesen. Der Setter fehlt, weil es keinen Sinn macht, einen berechneten Wert zu speichern (z.B. Alter: Diese Property würde im Getter das Alter aus Geburtstag und aktuellem Datum errechnen. Einen Setter gäbe es nur für Geburtstag, aber nicht für Alter).

- Im Setter wird geprüft, ob der Wert Sinn macht (z.B. Geburtstag darf nicht in Zukunft liegen)

- Man darf einen Wert setzen, aber nicht wieder auslesen (z.B. Kennwort)

- Im deutschen verwendet Microsoft Eigenschaft als Übersetzung für Property, im Gegensatz zu den normalen (»direkten«) Attributen, die Microsoft field bzw. Feld nennt.

Ein Indexer ist eine Property mit Parametern, z.B. Personenliste.Mitglieder[10].

Beide Sprachen unterstützen Eigenschaften (alias Property-Attribute) mit Getter- und Setter-Methoden.

> **Hinweis:** Die Automatischen Eigenschaften (engl. Automatic Property) machen die Syntax prägnanter für solche Property-Attribute, die nichts anderes tun als ein privates Field-Attribut zu lesen und zu beschreiben. In diesem Fall kann man sich die explizite Definition des privaten Field-Attributs sparen und die Erzeugung dem Compiler überlassen. Damit verkürzt sich auch die Schreibweise von Getter und Setter radikal. Automatische Eigenschaften gibt es in C# seit Version 2008 und in Visual Basic seit Version 2010. Ab C# 6.0 und Visual Basic 14 kann man automatische Properties auch direkt bei der Deklaration initialisieren.

In C# ist die Syntax für Eigenschaften prägnanter als in Visual Basic .NET.

Listing: Ein Property in C# mit zugehörigem Field in normaler Schreibweise

```
private long _FlugStunden;
public long Flugstunden
{
        get
        {
            return this.Flugstunden;
        }
        protected set
        {
            this.Flugstunden = value;
        }
}
```

Automatische Eigenschaften gibt es in C# seit Version 2008.

Listing: Ein Property in C# mit zugehörigem Field als Automatische Eigenschaft

```
public long Flugstunden { get; set; }
```

> **Hinweis:** Bei einer automatischen Eigenschaft kann man das zugehörige private Field-Attribut nicht im Code getrennt ansprechen. Alle Zugriffe laufen über das Property-Attribut. Daher muss man immer Getter und Setter definieren. Diese können aber unterschiedliche Sichtbarkeiten haben, z.B.
>
> ```
> public long Flugstunden { get; protected set; }
> ```

Ab C# 6.0 kann man automatische Properties, für die es keine explizite Felddeklaration gibt, direkt im Rahmen der Deklaration mit einem Wert initialisieren und auch automatische Properties schaffen, die nach ihrer Initialisierung unveränderbar sind. Lediglich im Konstruktor der Klasse kann der Entwickler solche Eigenschaften dann noch ändern.

Listing: Automatische Properties mit Initialisierung und optional auch ohne Setter

```
public class Kontakt
 {
   // Automatic Properties mit Initialisierung
   public string Land { get; set; } = "Deutschland";
   // Automatic Properties mit Initialisierung und ohne Setter
   public DateTime ErzeugtAm { get; } = DateTime.Now;

   public Kontakt(DateTime erzeugtAm)
   {
     // Getter Only Auto Property im Konstruktor setzen
     ErzeugtAm = DateTime.Now;
   }
 }
```

16 Methoden

Methoden sind Operationen in Klassen, die innerhalb der Klasse oder von Nutzern aufgerufen werden können. Methoden können einen Rückgabewert liefern. Parameter von Methoden können optional sein. Weggelassene Parameter werden durch Vorgabewerte ersetzt, die in der Methodendeklaration stehen müssen. Der Aufrufer gibt in der Regel die Parameter in der Deklaration vorgegebenen Reihenfolge an. Durch eine spezielle Syntax kann man aber die Parameter in einer beliebigen Reihenfolge angeben. Optionale Parameter dürfen Wertelose Wertetypen (Nullable Types) sein.

16.1   Methodendefinition und Rückgabewerte

In C# beginnt eine Methodendefinition mit der Sichtbarkeit. Danach folgt aber der Datentyp des Rückgabewerts. In C# gibt es kein direktes Schlüsselwortpendant zum Sub und Function aus Visual Basic .NET. Methoden ohne Rückgabewerte werden durch den Datentyp void signalisiert.

Der Rückgabewert wird in C# wie in Visual Basic .NET mit return signalisiert.

```
public class MethodenDemo
 {
  /// <summary>
  /// Methode ohne Rückgabewert
  /// </summary>
  public void DruckeUhrzeit()
  {
   Console.WriteLine("Aktuelle Uhrzeit: " + DateTime.Now.ToShortTimeString());
  }


  /// <summary>
  /// Methode mit Zeichenkette als Rückgabewert
  /// </summary>
  public string GetUhrzeit()
  {
  return (DateTime.Now.ToShortTimeString());
  }
}
```

Beim Methodenaufruf sind immer runde Klammern zu verwenden, auch wenn es keine Parameter gibt!

```
DruckeUhrzeit();
var Uhrzeit = GetUhrzeit();
Console.WriteLine(Uhrzeit);
```

16.2   Methodenparameter

Eine Methode kann eine Parameterliste besitzen, wobei der Typ – wie bei Variablendeklarationen – auch hier jeweils vor dem Parameternamen genannt wird.

```
  /// <summary>
  /// Methode mit Parametern
  /// </summary>
  public double Berechnen(int a, int b, double c)
  {
   return (a + b) / Math.Pow(c, 2);
```

```
}
```

Methoden können überladen sein, d.h. der gleiche Methodennamen darf mehrfach mit verschiedenen Parameterlisten verwendet werden, sofern beim Aufruf die Zuordnung zu einer der Überladungen noch eindeutig ist. Für überladene Methoden gibt es kein Schlüsselwort in C#, während Visual Basic .NET dafür Overloads verwendet.

```
/// <summary>
/// Überladene Methode mit Parametern
/// </summary>
public double Berechnen(double a, double b, double c)
{
  return (a + b) / Math.Pow(c, 2);
}
```

Bei den folgenden Aufrufen geht der erste Aufruf an die erste Variante mit den zwei Int-Werten in den ersten Parametern, wenn der zweite Aufruf die Überladung mit den double-Werten aufrufen muss, da 2.2 nicht in int a passen würde. Dass der zweite Parameterwert hier kein double ist, stört nicht. Der Compiler konvertiert automatisch die 3 in 3.0.

```
Console.WriteLine(Berechnen(2,3,4.456)); // Ruft die erste Überladung
Console.WriteLine(Berechnen(2.2, 3, 4.456)); // Ruft die zweite Überladung
```

16.3   Optionale und benannte Parameter

Erst seit C# 4.0 gibt es optionale und benannte Parameter. Zuvor musste man optionale Parameter durch Methodenüberladung nachbilden. Optionale Parameter werden in C# durch einen Vorgabewert in dem Methodenkopf angezeigt. Optionale Parameter dürfen nur am Ende der Parameterliste erscheinen.

Listing: Methode mit zwei optionalen Parametern

```
/// <summary>
/// Methode mit zwei optionalen Parametern
/// </summary>
public void Print(string text, ConsoleColor Farbe = ConsoleColor.Gray, bool Datum
  = false)
  {
    if (Datum) text = DateTime.Now.ToShortTimeString() + ": " + text;
    ConsoleColor bisherigeFarbe = Console.ForegroundColor;
    Console.ForegroundColor = Farbe;
    Console.WriteLine(text);
    Console.ForegroundColor = bisherigeFarbe;
  }
```

Die obige Methode kann man wie folgt aufrufen:

```
CS10_Parameter obj = new CS10_Parameter();
obj.Print("Ausgabe ohne spezielle Farbe und ohne Datum.");
obj.Print("Ausgabe in grün und ohne Datum.", ConsoleColor.Green);
obj.Print("Ausgabe in grün und mit Datum.", ConsoleColor.Green, true);
```

Benannte Parameter erlauben die Angabe der Parameter in beliebiger Reihenfolge unabhängig von der Reihenfolge in der Deklaration. Ein benannter Parameter ist allein Sache des Aufrufers, d.h. hierzu sind keine Änderungen in der Deklaration notwendig. Der Aufrufer gibt durch Parametername und Doppelpunkt an, welchen Parameter er übergeben will.

```
obj.Print(text: "Ausgabe ohne spezielle Farbe und mit Datum.", Datum: true);
```

Von C# 4.0 bis C# 7.1 konnte man zwar benannte Parameterwerte und unbenannte Parameterwerte mischen in einem Aufruf, aber es galt die Regel, dass unbenannte Parameterwerte nur am Anfang vor dem ersten benannten Parameterwert verwendet werden dürfen. Dies wurde erst in C# 7.2 aufgehoben ("Non-trailing named arguments").

```
// Aufruf gemischt mit unbenannten und benannten Parametern
obj.Print("Ausgabe ohne spezielle Farbe und mit Datum.", Datum: true);
obj.Print("Ausgabe ohne spezielle Farbe und mit Datum.", ConsoleColor.Green,
Datum: true);
obj.Print("Ausgabe ohne spezielle Farbe und mit Datum.", Farbe:
ConsoleColor.Green, Datum: true);


// erst ab C# 7.2 möglich: Benannte Parameter an beliebiger Stelle
obj.Print(text: "Ausgabe ohne spezielle Farbe und mit Datum.",
ConsoleColor.Green, true);
```

Achtung: Wenn man das Kompilat eines optionalen Parameteraufrufs mit einem Decompiler betrachtet, wird man überrascht: Die Aufrufe erfolgen gar nicht mit weniger Parametern, vielmehr werden die Vorgabewerte mit in den Aufruf hineinkompiliert. Das gilt sowohl für C# als auch Visual Basic.

```
CS40_Parameter obj = new CS40_Parameter();
obj.Print("Ausgabe ohne spezielle Farbe und ohne Datum.", ConsoleColor.Gray, false);
obj.Print("Ausgabe in grün und ohne Datum.", ConsoleColor.Green, false);
obj.Print("Ausgabe in grün und mit Datum.", ConsoleColor.Green, true);
```

Abbildung: Dekompilat mit ILSpy[https://github.com/icsharpcode/ILSpy]

In der Verwendung optionaler Parameter besteht also eine Gefahr: Wenn die optionale Methode in einer anderen Assembly als der Aufrufer ist und diese beiden Assemblys unabhängig voneinander kompiliert werden (also nicht in einer Projektmappe sind), dann kann es zu Inkonsistenzen kommen. Nach einer Änderung der Vorgabewerte würden nicht erneut kompilierte Aufrufer weiterhin die alten Werte verwenden.

16.4   Ref und out

Für die Übergaberichtung gibt es in C# für den Call by Value-Fall (Übergabe als Wert) kein Schlüsselwort und für den Call by Reference-Fall (Übergabe eines Zeigers) zwei Wörter:

- Der Zusatz ref vor einem Parameter entspricht ByRef in Visual Basic .NET und bedeutet, dass der Wert von außen hereingegeben wird und innerhalb der Methode verändert werden darf

- Der Zusatz out vor einem Parameter bedeutet, dass der Aufrufer nur leeren (nicht initialisierten) Speicherplatz hereingibt. Der Wert muss zwangläufig von der Methode selbst gesetzt werden und wird dann dem Aufrufer geliefert.

Hinweis: Wichtig ist, dass man nicht nur in der Methodensignatur selbst out und ref verwenden muss, sondern auch beim Aufruf der Methode.

Listing: Beispiel zum Einsatz von ref und out in C#. Die Ausgabe ist 2;3;10 und 1;3;10
```
public static void Run()
{
int a = 1;
int b = 2;
int c = 2;
```

```
string Ergebnis = Test(a, ref b,out c);
Console.WriteLine(Ergebnis);
Console.WriteLine(a + ";" + b + ";" + c);
}

public static string Test(int WertValue, ref int WertRef, out int WertOut)
{
WertValue++;
WertRef++;
// nicht erlaubt, da noch nicht initialisiert: WertOut++;
WertOut = 10;
return WertValue.ToString() + ";" + WertRef.ToString() + ";" +
WertOut.ToString();
}
```

Für die Deklaration von out-Variablen gibt es seit C# 7.0 eine verkürzte Syntax, bei der die Deklaration der Variablen im Aufruf selbst erfolgt (siehe folgendes Listing).

Auch neu in C# 7.0 ist das Konstrukt "out _". Der Unterestrich ist die Discard-Variable und bedeutet, dass das Ergebnis verworfen wird.

Listing: In den Aufruf eingebettete Deklaration von out-Variablen

```
// alt
int zahl;
string eingabe = "123";
if (int.TryParse(eingabe, out zahl))
  Console.WriteLine("Zahl=" + zahl);
else
  Console.WriteLine("Fehler!");

// neu
string eingabe2 = "123";
if (int.TryParse(eingabe2, out int zahl2))
  Console.WriteLine("Zahl=" + zahl2);
else
  Console.WriteLine("Fehler!");

// neu: _ = Wert ignorieren
string eingabe3 = "123";
if (int.TryParse(eingabe3, out _))
  Console.WriteLine("Ist eine Zahl!");
```

16.5   Statische Methode als globale Funktionen

In C# 6.0 hat Microsoft eingeführt, was in Visual Basic .NET schon seit der ersten Version möglich it: statische Klassen mit using so einzubinden, dass man auf die einzelnen Klassenmitglieder nun ohne Verwendung des Klassennamens zugreifen darf:

```
// bisherige Schreibweise
Console.WriteLine(Environment.UserDomainName + @"\" + Environment.UserName);

// neu in C# 6.0
using static System.Console;
```

```
using static System.Environment;
...

 WriteLine(UserDomainName + @"\" + UserName);
```

Dieses Sprachfeature ist jedoch umstritten, weil hier die Lesbarkeit des Programmcodes zugunsten einer ersparten Tipparbeit geopfert wird.

16.6   Lokale Funktion (ab C# 7.0)

C# 7.0 unterstützt lokale Funktionen, die in andere Methoden eingebettet und nur dort sichtbar sind. Lokale Funktionen können über mehrere Ebenen geschachtelt sein und die Variablen der äußeren Ebenen verwenden (siehe folgendes Listing). Solch ein Einbetten ist auch in Getter- und Setter-Routinen erlaubt.

Listing: Eingebettete Funktionen haben Zugriff auf die Variablen der äußeren Funktionen.

```
public static void LocalFunctionDemo()
{
 var count = 0;
 CUI.Headline(nameof(LocalFunctionDemo));

 PrintWithTime("Rom");
 PrintWithTime("Paris");
 PrintWithTime("Essen");

 // Funktion ist Teil der Funktion, möglich in Methoden, Getter und Setter
 void PrintWithTime(string s)
 {
  void Print(string s2)
  {
   // innere Funktion kann Variablen der äußeren nutzen
   count++;
   Console.WriteLine(count + ": " + s2);
  }
  Print($"{DateTime.Now.ToShortTimeString()}: {s}");
 }
}
```

16.7   Caller-Info-Annotationen

Seit Version C# 5.0   und VisualBasic.NET 11.0   bieten die Compiler sogenannte Caller-Info.Annotationen   ([CallerFilePath] [CallerLineNumber], [CallerMemberName]), mit denen man Methodenparameter annotieren kann. Dadurch erhält die gerufene Methode Informationen über den Aufrufer (vgl. __FILE__ und __LINE__ in C++).

Listing: Nutzung der Caller-Info-Annotationen

```
public void Run()
{
 var Ergebnis = Berechnen(10);
 Console.WriteLine("Berechnungsergebnis: " + Ergebnis);
 Run2();
}


public int Berechnen(int Wert,
```

```
        [CallerMemberName] string memberName = "",
        [CallerFilePath] string filePath = "",
        [CallerLineNumber] int lineNumber = 0)
{
    // Ausgabe hier zu Anschauungszwecken an der Konsole
    Console.ForegroundColor = ConsoleColor.Yellow;
    Console.WriteLine("Routine Berechnung() wurde aufgerufen!");
    Console.WriteLine("Aus diesem Quellcodepfad: " + filePath);
    Console.WriteLine("Von diesem Mitglied: " + memberName);
    Console.WriteLine("In dieser Zeilennummer: " + lineNumber);
    Console.ForegroundColor = ConsoleColor.Gray;
    // Eigentlicher Inhalt der Berechnung
    Console.WriteLine("Hier tue ich was...");
    return 10 * Wert;
}
```

```
CallerInfoDemo
Routine Berechnung() wurde aufgerufen!
Aus diesem Quellcodepfad: H:\TFS\Demos\NET\CSharpSprachsyntax\CSharpSprachsyntax\CS50_NET45_2012\Cal
lerInfo.cs
Von diesem Mitglied: Run
In dieser Zeilennummer: 12
Hier tue ich was...
Berechnungsergebnis: 100
```

Abbildung: Ausgabe des obigen Listings

Insbesondere [CallerMemberName] ist sehr hilfreich, um die Schnittstelle INotifyPropertyChanged zu realisieren, die einige GUI-Frameworks (z.B. Windows Forms, WPF) in .NET für Datenbindungsmechanismen erfordern. Ohne [CallerMemberName] müsste man beim Aufruf NotifyPropertyChanged() den Namen des Properties manuell als Zeichenkette übergeben: NotifyPropertyChanged("Wert"), was Fehleranfällig ist. Erst seit C# 7.0 kann man auch schreiben: NotifyPropertyChanged(nameof(Wert)), was aber immer noch mehr Tipparbeit ist als der Einsatz von [CallerMemberName].

Listing: Elegante Realisierung von INotifyPropertyChanged mit [CallerMemberName]

```
class DatenobjektDemo
{
  public static void Run()
  {
    CUI.Headline(nameof(DatenobjektDemo));
    var d = new Datenobjekt();
    d.PropertyChanged += (x, args) =>
    {
      Console.WriteLine("DatenobjektDemo: Property " + args.PropertyName + " hat
sich geändert!");
    };
    d.Wert = 123;
  }
}

class Datenobjekt : System.ComponentModel.INotifyPropertyChanged
{
  public event System.ComponentModel.PropertyChangedEventHandler PropertyChanged;

  /// <summary>
  /// Realisierung mit expliziter Übergabe des Property-Namens
```

```
    /// </summary>
    /// <param name="propertyName"></param>
    private void NotifyPropertyChangedAlt(String propertyName = "")
    {
      Console.WriteLine("Datenobjekt: Property " + propertyName + " hat sich
geändert!");
      if (PropertyChanged != null)
      {
        PropertyChanged(this, new
System.ComponentModel.PropertyChangedEventArgs(propertyName));
      }
    }


    /// <summary>
    /// Realisierung ohne dass der Aufrufer den Property-Namen übergeben muss
    /// </summary>
    /// <param name="propertyName"></param>
    private void NotifyPropertyChanged([CallerMemberName] String propertyName = "")
    {
      Console.WriteLine("Datenobjekt: Property " + propertyName + " hat sich
geändert!");
      if (PropertyChanged != null)
      {
        PropertyChanged(this, new
System.ComponentModel.PropertyChangedEventArgs(propertyName));
      }
    }

    private int wert;

    public int Wert
    {
      get { return wert; }
      set { wert = value; NotifyPropertyChanged(); }
    }
  }
```

17 Konstruktoren und Destruktoren

Ein Konstruktor ist eine Methode, die beim Instanziieren einer .NET-Klasse aufgerufen wird. In ihm kann man das Objekt initialisieren. Ein Desktruktor wird bei der Vernichtung eines Objekts aufgerufen.

Echte Destruktoren, die beim Löschen eines Objekts aufgerufen werden, kennt das .NET Framework hingegen nicht. Der Aufruf des Destruktors ist im .NET Framework nicht deterministisch, weil er erst bei einer Speicherbereinigung (Garbage Collection) erfolgt oder ggf. ganz ausbleibt, wenn das Programm vorher endet. Daher spricht man oft auch von Finalizern statt von Destruktoren.

Achtung: Ein parameterloser Konstruktor, der nichts tut, scheint auf den ersten Blick überflüssig zu sein. Sofern kein parameterbehafteter Konstruktor vorhanden ist, generiert der Compiler – sowohl von C# als auch von Visual Basic .NET – automatisch einen parameterlosen Konstruktor. Wird jedoch ein parameterbehafteter Konstruktor explizit implementiert, so wird der parameterlose Konstruktor nicht automatisch erzeugt. Wenn dieser benötigt wird, ist er also ebenfalls explizit zu implementieren.

Konstruktoren besitzen den Namen der Klasse und haben keinen Rückgabetyp (auch nicht void). Der Bezeichner für den Finalizer besteht aus ~, gefolgt vom Klassennamen. Es kann nur höchstens einen Finalizer geben, aber beliebig viele überladene Konstruktoren. Diese können sich gegenseitig mit dem : this() aufrufen (ggf. unter Angabe der Parameter). Das : this() muss vor der öffnenden geschweiften Klammer stehen.

Hinweis: Wie in Visual Basic .NET wird der parameterlose Konstruktor nur dann automatisch erzeugt, wenn kein anderer Konstruktor explizit implementiert wird.

Die Klasse im folgenden Listing besitzt drei überladene Konstruktoren und einen Finalizer. Die Konstruktoren rufen sich gegenseitig auf. Im parameterlosen Konstruktor wird das private statische Attribut Count hochgewählt, sodass jede Instanz innerhalb eines Programmlaufs eine eindeutige ID erhält.

Listing: Klasse mit Konstruktoren und Finalizer

```
/// <summary>
/// Klasse mit Konstruktoren und Finalizer
/// </summary>
class Dozent
{
  private static int Count = 0;

  // Konstruktor mit Parameter
  public Dozent(string Name) : this(Name, null)
  {
  }

  // Weiterer Konstruktor ohne Parameter
  public Dozent(string name, string themen) : this()
  {
    this.Name = name;
    this.Themen = themen;
  }

  // Konstruktor ohne Parameter
  public Dozent()
  {
    Count++;
    this.ID = Dozent.Count;
```

```
      CUI.Print("Dozent #" + this.ID + " wurde instanziiert!", ConsoleColor.Cyan);
    }

    // Finalizer
    ~Dozent()
    {
      CUI.Print("Dozent #" + this.ID + " wurde vernichtet!", ConsoleColor.Cyan);
    }

    // Automatisches Property
    public int ID { get; set; }
    // Automatisches Property
    public string Themen { get; set; }

    // Property mit explizitem Field
    string name;
    public string Name
    {
     get { return name; }
     set { name = value; }
    }
}
```

Der folgende Programmcode nutzt diese Klasse Dozent, indem er eine Instanz erzeugt und verwendet. Nach der Verwendung wird die Objektvariable auf null gesetzt, d.h. es gibt nun keinen Verweis mehr auf die Instanz. Der Garbage Collector von .NET wird bei nächster Speicherbereinigung den Finalizer aufrufen. In diesem Fall wird zu Demonstrationszwecken die Garbage Collection mit dem Aufruf System.GC.Collect() erzwungen. Die Garbage Collection läuft aber asynchron in einem Hintergrundthread, d.h. die nach Collect() folgenden Befehle werden vor der Garbage Collection ausgeführt wie man in der folgenden Abbildung daran erkennt, dass die Ausgabe "Routine fertig" vor der Ausgabe des Finalizers erscheint.

Listing: Nutzung der Klasse Dozent

```
    CUI.Headline("Beispiel für Konstruktur und Destruktor");

    Console.WriteLine("Dozent wird erzeugt...");
    var d = new Dozent("Holger Schwichtenberg", ".NET, PowerShell, JavaScript");

    Console.WriteLine("Dozent wird verwendet...");
    d.Themen += ", C#, TypeScript, Entity Framework, ASP.NET";
    Console.WriteLine("Dozent " + d.ID + " (" + d.Name + ")  hat folgende Themen:
");
    foreach (string t in d.Themen.Split(','))
    {
      Console.WriteLine("- " + t.Trim());
    }

    Console.WriteLine("Dozent wird nicht mehr benötigt...");
    d = null;

    Console.WriteLine("Garbage Collection wird erzwungen...");
    System.GC.Collect(); // läuft asynchon
    Console.WriteLine("Routine fertig!");
```

```
   Console.ReadLine();
```

Beispiel für Konstruktur und Destruktor
Dozent wird erzeugt...
Dozent #1 wurde instanziiert!
Dozent wird verwendet...
Dozent 1 (Holger Schwichtenberg) hat folgende Themen:
- .NET
- PowerShell
- JavaScript
- C#
- TypeScript
- Entity Framework
- ASP.NET
Dozent wird nicht mehr benötigt...
Garbage Collection wird erzwungen...
Routine fertig!
Dozent #1 wurde vernichtet!

Abbildung: Ausgabe des obigen Listings

Info: Die Laufzeitumgebung Common Language Runtime (CLR) von .NET, .NET Core und Xamarin enthält einen Garbage Collector (GC), der im Hintergrund (in einem System-Thread) arbeitet und den Speicher aufräumt. Der Speicher wird allerdings nicht sofort nach dem Ende der Verwendung eines Objekts freigegeben, sondern zu einem nicht festgelegten Zeitpunkt bei Bedarf (Lazy Resource Recovery). Beim Aufräumen des Speichers erzeugt der Garbage Collector einen Baum aller Objekte, auf die es aktuell einen Objektverweis gibt. Der Speicher aller nicht mehr erreichbaren Objekte wird freigegeben.

Der Garbage Collector kann von einer Anwendung nur bedingt beeinflusst werden. Die Anwendung kann mit dem Befehl System.GC.Collect() dem Garbage Collector den Auftrag geben, tätig zu werden. Eine Anwendung eine Speicherbereinigung temporär mit GC.TryStartNoGCRegion() unterdrücken.

Der Garbage Collector ruft die Destruktoren (alias Finalizer) der .NET-Objekte auf. Die Reihenfolge des Aufrufs und ob der Finalizer überhaupt aufgerufen wird, ist jedoch nicht deterministisch, d. h., es kann sein, dass ein Finalizer nicht aufgerufen wird. Beim Schließen einer .NET-Anwendung werden die Finalizer der verbliebenen Objekte nicht aufgerufen.

18 Expression-bodied Members

Expression-bodied Members sind neu in C# 6.0 – es gibt sie nicht in Visual Basic .NET. Methoden und nicht beschreibbare Properties, die nur einen einzigen Ausdruck zurückliefern, kann der C#-Entwickler nun verkürzt unter Einsatz des Lambda-Operators => schreiben:

```
public string GanzerName => this.Vorname + " " + this.Nachname;
public decimal NeuerEinkauf(decimal wert) => this.Umsatz += wert;
public override string ToString() => this.GanzerName + ": " + this.KontaktStatus;
```

Mit C# 6.0 hatte Microsoft sogenannte "Expression-bodied Members" eingeführt, die bei einzeiligen Methoden und read-only Properties eine verkürzte Lambda-Schreibweise erlauben. In C# 7.0 ist dies nun ausgeweitet auf Konstruktoren, Finalizer sowie Getter-, Setter- und Indexer-Routinen.

```
class Dozent
  {
  public int ID { get; set; }
  public string Name { get; set; }
  public bool DOTNETExperte { get; set; }

  public Dozent()  {   }

  // Expression-bodied Constructor
  public Dozent(int ID) => this.ID = ID;

  // Expression-bodied Finalizer
  ~Dozent() => Console.Error.WriteLine("Finalized!");
  // Expression-bodied Getter und Setter
  private Decimal? honorar2;
  public Decimal? Honorar2
  {
   get => this.honorar;
   set => this.honorar = value ?? 1000.00m;
  }

}
```

19 Partielle Klassen

Neu seit .NET 2.0 ist auch die Unterstützung für partielle Klassen. Eine partielle Klasse ermöglicht dem Entwickler, den Quellcode einer Klasse auf mehrere Dateien aufzuteilen. Diese Funktionalität wird in Visual Studio verwendet, um in ASP.NET-Webforms den Code vom Layout zu trennen (vgl. Zusatzkapitel »ASP.NET«, das Sie als PDF auf dem Leser-Portal herunterladen können) und um in Windows Forms den durch den Designer erzeugten Code von dem Entwicklercode zu trennen. Entwickler können partielle Klassen auch dazu benutzen, den Code übersichtlicher zu halten oder mit verschiedenen Personen parallel an einer Klasse zu arbeiten.

> Verbunden werden können auf diese Weise aber nur Klassen im Quellcode einer Assembly; Sie können keine Klasse in einer referenzierten Assembly erweitern. Letzteres ist nur mit Vererbung möglich.

Ebenso wie in Visual Basic .NET ist die Unterstützung für partielle Klassen in C# vorhanden. Hinsichtlich der Einsatzgebiete gibt es keinen Unterschied. Syntaktisch gibt es zu Visual Basic .NET drei kleine Unterschiede:

- partial muss klein geschrieben werden

- partial muss hinter den Sichtbarkeitsmodifizierern der Klasse stehen

- partial muss bei allen Teilklassen angegeben werden

Listing: Datei PartielleKlasse_Teil1.cs

```
namespace CS20
{
  public partial class Buch
  {
   public string Titel;
  }
}
```

Listing: Datei PartielleKlasse_Teil2.cs

```
namespace CS20
{
  public partial class Buch
  {
   public string ISBN;
  }
}
```

20 Partielle Methoden

Neu seit .NET 3.5 sind partielle Methoden. Im Rahmen eines Teils einer partiellen Klasse kann man eine Methode deklarieren (ohne Implementierung). Im Rahmen eines anderen Teils kann man die Implementierung liefern. So lassen sich die Deklaration und die Implementierung trennen. Die partielle Methode kann gleichwohl in dem Teil, in dem sie nur deklariert ist, aufgerufen werden. Wenn es keine Implementierung in einem anderen Teil gibt, kommt es aber nicht zu einem Fehler. Der Compiler wird vielmehr den Aufruf entfernen. Damit kann man partielle Methoden als Hooks einsetzen, um sich in Programmcode einzuklinken. Gerne wird dies benutzt bei Programmcode, der von einem Codegenerator (Assistenten oder Designer) erzeugt wurde. Zum ersten Mal eingesetzt wurde diese Vorgehensweise im LINQ to SQL-Designer.

> **Hinweis:** Partielle Attribute (Propertys) gibt es leider bisher nicht.

Es gibt folgende Bedingungen für partielle Methoden in C#:

- Die Methode darf keinen Rückgabewert (void) haben

- Beide Teile müssen partial verwenden

- Die Methode ist automatisch private. Sie dürfen nicht öffentlich sein.

- Eine Sichtbarkeit darf nicht angegeben sein (also auch nicht private)

- Sie können statisch sein

Listing: Beispiel für eine partielle Methode in C# ab Version 3.0

```
public partial class Vorstandsmitglied
{
  // Automatic Properties
  public string Name { get; set; }
  public string Aufgabengebiet { get; set; }
  public int Alter { get; set; }
  public string Ort;

  public override string ToString()
  {
   // Partielle Methode - Verwendung
   OnToString();
   return Name;
  }


  // Partielle Methode - Deklaration
  partial void OnToString();
}

public partial class Vorstandsmitglied
{
  // Partielle Methode - Implementierung
  partial void OnToString()
  {
   Console.WriteLine("ToString aufgerufen!");
  }
}
```

21 Erweiterungsmethoden (Extension Methods)

Eine Erweiterungsmethode ermöglicht einer Klasse, extern eine Methode anzuheften. *Extern* heißt, dass dies nicht im Rahmen der Klassendefinition selbst erfolgt, sondern in einer anderen Klasse. Damit ist es möglich, Klassen zu erweitern, die man selbst nicht geschrieben hat (z.B. Klassen der .NET-Klassenbibliothek *FCL*). Ein solches Konzept ist bereits aus JavaScript vielen Entwicklern bekannt. Zu beachten ist, dass die Methoden gemäß dem Prinzip der Kapselung nur auf die öffentlichen Attribute und Methoden der Klasse zugreifen können. Durch Einsatz von Reflection (Metadatennutzung) kann diese Beschränkung jedoch umgangen werden (durch Reflection kann man immer auch auf private Mitglieder zugreifen!). Erweiterungen können nur Methoden sein; Fields und Properties können leider nicht nachträglich ergänzt werden.

> **Tipp:** Erweiterungsmethoden können auch auf Schnittstellen angewendet werden, sodass man auf einfache Weise alle Klassen erweitern kann, die eine bestimmte Schnittstelle anbieten. Microsoft hat dies im Rahmen von Language Integrated Query auf die Schnittstelle IEnumerable angewendet, um alle Objektmengenklassen »LINQ-fähig« zu machen.

> **Hinweis:** Mit den Erweiterungsmethoden hat man nun eine dritte syntaktische Möglichkeit, bestehende Klassen zu erweitern:
>
> Vererbung   Möglich seit .NET 1.0, aber nur für Klassen, die Vererbung zulassen (also nicht sealed bzw. NotInheritable sind)
>
> Partielle Klassen   Möglich seit .NET 2.0, aber nur für Klassen im gleichen Projekt, die als Partiell gekennzeichnet sind
>
> Erweiterungsmethoden   Möglich seit .NET 3.5, für alle Klassen und auch anwendbar auf Schnittstellen

> **Achtung:** Wichtig ist, dass in der Klasse, in der die Erweiterungsmethode verwendet wird, der Namensraum der Klasse, in der die Erweiterungsmethode implementiert wurde, durch using bzw. imports eingebunden wird. Sonst kann die Erweiterungsmethode vom Compiler nicht gefunden werden. Dies ist auch der Grund dafür, dass LINQ Abfrageausdrücke nur zur Verfügung stehen, wenn der Namensraum System.Linq eingebunden wurde.
>
> Der Name der Klasse, in der die Erweiterungsmethode implementiert wird, ist im Übrigen egal. Auf diese Weise ist die Anzahl der Erweiterungsmethoden für eine Klasse nicht räumlich und der Menge nach beschränkt. Erweiterungsmethoden können überladen werden, wobei hier die gleichen Bedingungen wie bei normalen Methoden gelten. Erweiterungsmethoden müssen keinen Rückgabewert haben (d. h. void bzw. Sub sind erlaubt).

Die Syntax für Erweiterungsmethoden in C# ist ganz anders als in Visual Basic .NET. Wenn man die Annotation Extension verwendet, quittiert der Compiler dies mit »Do not use 'System.Runtime.CompilerServices.ExtensionAttribute'. Use the 'this' keyword instead.«. Gemeint ist damit, dass man vor den ersten Parameter (also den Namen der zu erweiternden Klasse) das Schlüsselwort this schreiben soll. Dies ist leider wenig intuitiv, zumal this schon mehrere andere Bedeutungen in C# hat. Außerdem muss die Erweiterungsmethode statisch deklariert sein, wenngleich sie nachher eine Instanzmethode ist. Ebenso muss die Klasse statisch sein.

Das Beispiel zeigt die Implementierung einer Erweiterungsmethode Print() für die Schnittstelle IEnumerable. Dadurch erhalten alle Objektmengenklassen in .NET die Methode Print(), die alle enthaltenen Objekte in einer bestimmten Farbe an der Konsole ausgibt (die Ausgabe erfolgt mit ToString() und ist daher darauf angewiesen, dass ToString() in den Objekten sinnvoll implementiert wurde.

Listing: Implementierung der Erweiterungsmethode Print() für die Schnittstelle IEnumerable (in C#)

```
using System.Runtime.CompilerServices;
using System;
using System.Collections;

namespace de.WWWings.Library
{
 internal static class WWWingsCollectionExtensions
 {
  // --- Erweiterungsmethode für IEnumerable
  public static void Print(this IEnumerable Menge, ConsoleColor Farbe)
  {
   ConsoleColor VorherigeFarbe = Console.ForegroundColor;
   Console.ForegroundColor = Farbe;
   foreach (object o in Menge)
    Console.WriteLine(o.ToString());
   Console.ForegroundColor = VorherigeFarbe;
  }
 }
}
```

Listing: Anwendung der Methode Print() auf eine Menge, die mit der generischen Mengenklasse List erzeugt wurde (in C#)

```
Imports de.WWWings.Library
...
List<Vorstandsmitglied> Vorstandsmitglieder = new List<Vorstandsmitglied> { HS,
HM, MM };

// Verwendung einer Erweiterungsmethode
Vorstandsmitglieder.Print(ConsoleColor.DarkYellow);
```

22 Annotationen (.NET-Attribute)

Der Entwickler selbst kann Komponenten, Klassen und Klassenmitglieder mit zusätzlichen Informationen (Metadaten) versehen, die entweder während der Kompilierung oder zur Laufzeit der Anwendung ausgewertet werden können. Typische Beispiele für derartige Zusatzinformationen sind:

- Die Komponente hat die Version x (`AssemblyVersionAttribute`)
- Instanzen einer Klasse sind serialisierbar (`SerializableAttribute`)
- Instanzen der Klasse sollen Teil einer Transaktion sein (`TransactionAttribute`)
- Ein Mitglied einer Klasse ist aus Kompatibilitätsgründen zwar noch vorhanden, sollte aber nicht mehr verwendet werden, weil ein anderes, besseres Mitglied zur Verfügung steht (`ObsoleteAttribute`)

Leider verwendet Microsoft für diese Metadaten eine stark von der objektorientierten Lehre abweichende Begriffswelt: Die Firma nennt eine derartige Auszeichnung Attribut (engl. Attribute), was einen Namenskonflikt zu dem Begriff Attribut, also dem Datenmitglied einer Klasse darstellt (vgl. für den deutschen Sprachraum [Oesterreich, B.: Objektorientierte Softwareentwicklung, München, Wien: Oldenburg Verlag, 1997, S. 157] und [Schneider, U.; Werner, D.: Taschenbuch der Informatik, München: Fachbuchverlag Leipzig, 2004, S. 277] und für den englischen Sprachraum [Oxford Dictionary of Computing, New York: Oxford University Press, 1997, S. 243]). Die Datenmitglieder einer Klasse heißen bei Microsoft Felder (engl. Fields) und Eigenschaften (engl. Properties). Dabei denkt man doch bei Feldern eher an Arrays. Ein klarer Fall von MINFU,1 der sich in der deutschen Übersetzung besonders schlimm auswirkt.

> **Hinweis:** Mittlerweile verwendet Microsoft auch häufiger den Begriff Annotationen (wie in Java ab Version 5.0). Dieses Buch verwendet ebenfalls Annotation für diese Meta-Daten, während mit "Attribut" ein Datenmitglied einer Klasse bezeichnet wird.

Annotationen werden in Form von Klassen implementiert, die von der Basisklasse System.Attribute abgeleitet sind. Sie haben Namen, die auf Attribute enden, wobei bei ihrer Verwendung das Wort Attribute weggelassen werden kann (z.B. System.ObsoleteAttribute → [Obsolete]). Jeder Entwickler kann eigene Annotationen definieren. Annotationen können ein Verhalten besitzen; sie werden aber erst verarbeitet, wenn ein Typ explizit von einem Host (z.B. einer Entwicklungsumgebung) oder einem anderen Typ via Reflection nach Annotationen gefragt wird.

Annotationen können in C# den Typen und den Typmitgliedern in eckigen Klammern vorangestellt werden.

In dem folgenden Beispiel wird die vordefinierte Annotation System.Obsolete einer Methode zugewiesen. System.Obsolete sorgt dafür, dass der Compiler den Entwickler warnt, wenn er eine derart deklarierte Methode aufruft.

Listing: Beispiel für die Anwendung der Annotation System.Obsolete in Visual Basic .NET

```
using System;

namespace CSharpSprachsyntax.CS10_NET10_2002
{
```

---

1   Auf Basis der Erkenntnis, dass Microsoft regelmäßig Probleme mit der Bezeichnung der eigenen Produkte und Konzepte hat, schuf der amerikanische Autor David S. Platt ein neues Wort: MINFU. Dies ist eine Abkürzung für MIcrosoft Nomenclature Foul-Up.

```
public class Annotationen
{

  public void Run()
  {
    Print("Start");
  }

  [Obsolete("Verwenden Sie bitte Log()!")]
  void Print(string s)
  {
    Console.WriteLine(s);
  }

  void Log(string s, bool mitZeit = false)
  {
    Console.WriteLine((mitZeit ? System.DateTime.Now.ToString() + ": " : "") + s);
  }


}
}
```

Abbildung: Der Compiler warnt, wenn Sie ein mit [Obsolete] annotierter Methode aufrufen

Das zweite Beispiel zeichnet die Klasse Passagier als serialisierbar aus, d. h., ihre Instanzen können persistiert oder in einen anderen Prozess übertragen werden.

```
[System.Serializable()]
public class Passagier : de.WWWings.Person
{...}
```

23 Objektinitialisierung

Bisher konnte man Objekte nur prägnant und elegant bei der Instanziierung initialisieren, wenn die Klassen entsprechende Parameter im Konstruktor anboten. Seit C# 3.0 und Visual Basic .NET 9.0 kann nun jedes öffentliche Attribut (egal ob Field oder Property) bei der Instanziierung initialisiert werden. C# bietet dazu eine Schreibweise mit geschweiften Klammern an, Visual Basic .NET das Schlüsselwort with. In Visual Basic .NET ist außerdem zu beachten, dass immer dem Attributnamen ein Punkt voranzustellen ist.

Hinweis: Man kann nur öffentliche und beschreibbare Attribute der Klasse von außen initialisieren. Man muss keineswegs alle Attribute initialisieren. Man darf aber jedes Attribut nur einmal initialisieren.

Listing: Initialisierung von Objekten bei der Instanziierung (C# seit Version 3.0)

```
Vorstandsmitglied MM = new Vorstandsmitglied() { Name = "Max Müller",
Aufgabengebiet = "Flugbetrieb",
                                    Alter = 33 };
Vorstandsmitglied HM = new Vorstandsmitglied() { Name = "Hans Meier",
Aufgabengebiet = "Personal",
                                    Alter = 42 };
Vorstandsmitglied HS = new Vorstandsmitglied() { Name = "Hubert Schmidt",
Aufgabengebiet = "Marketing",
                                    Alter = 35, Ort = "Essen" };
```

Hinweis: Man kann die Objektinitialisierung auch zusätzlich verwenden, wenn es einen parameterbehafteten Konstruktor gibt, z.B.

Vorstandsmitglied HS = new Vorstandsmitglied("Hubert Schmidt") { Aufgabengebiet = "Marketing", Alter = 35, Ort = "Essen" };

---

24 Aufzählungstypen (Enumeration)

Ein Aufzählungstyp legt unter einem Oberbegriff mehrere Namen fest. Den Namen werden intern Zahlen zugeordnet.

```
public enum Kenntnisse
{
Befriedigend=3,Gut=2,SehrGut=1
}
```

Wenn keine Zahlen im der Typdefinition benannt sind, beginnt die Zählung automatisch bei 0, was in diesem Beispiel nicht so viel Sinn machen würde, in anderen Fällen können die Werte aber aus Entwicklersicht irrelvant sein.

```
public enum Kenntnisse
{
Befriedigend,Gut,SehrGut
}
```

Das folgende Listing zeigt die Verwendung dieses Aufzählungstypen inklusive der Umwandlung zwischen Aufzählungswertname und dem Zahlenwert.

```
    Kenntnisse meineCSharpKenntnisse = Kenntnisse.SehrGut;

    // Umwandlung Aufzählungswert in Zahl
    int note = (int)meineCSharpKenntnisse; // = 1

    Console.WriteLine($"Meine C#-Kenntnisse sind {meineCSharpKenntnisse}, in
Noten: {note}!"); // "SehrGut" 1

    // Umwandlung Zahl in Aufzählungswerz
    Kenntnisse noteAlsText = (Kenntnisse) note; // wandelt 1 in Kenntnisse.SehrGut

    if (noteAlsText == Kenntnisse.SehrGut) { Console.WriteLine("Meine Kenntnisse
sind weiterhin sehr gut!"); };

    switch (noteAlsText)
    {
     case Kenntnisse.Befriedigend:
      Console.WriteLine("Meine Kenntnisse sind immer leider nur noch
befriedigend"); break;
     case Kenntnisse.Gut:
      Console.WriteLine("Meine Kenntnisse sind immer nur noch gut!"); break;
     case Kenntnisse.SehrGut:
      Console.WriteLine("Meine Kenntnisse sind immer immer noch sehr gut!");
break;
    }
```

25 Generische Klassen

Generische Klassen (Generics) erlauben es, einen oder mehrere Typen, die die Klasse intern verarbeitet, variabel zu halten (Typparameter). Ein typischer Einsatzfall sind generische Objektmengen (siehe Klassen wie List<T> im Namensraum System.Collections.Generic in der .NET-Klassenbibliothek). Generische Objektmengen ermöglichen es, dass der Entwickler einen allgemeinen Mengentyp so prägt, dass die Menge nur Mitglieder einer bestimmten Klasse akzeptiert und dafür eine Typprüfung bereits zur Entwicklungszeit stattfindet.

Neben den in der FCL implementierten generischen Objektmengen kann man in Visual Basic .NET und C# auch selbst generische Klassen erzeugen. In diesem Kapitel wird die Definition und Verwendung eigener generischer Klassen besprochen.

25.1 Definition einer generischen Klasse

Die Unterstützung für generische Klassen wurde in C# ebenso wie in Visual Basic .NET im Rahmen von .NET 2.0 hinzugefügt. Wie in vielen anderen Punkten auch, ist der Unterschied rein syntaktisch: An die Stelle des Of-Operators in runden Klammern tritt ein Klammernpaar aus spitzen Klammern. Die Bedingungen für die generischen Typparameter (Generic Constraints) definiert man mit dem Schlüsselwort where.

Listing: Implementierung einer generischen Klasse in C#
```
public class Mitarbeiterzuordnung<ChefTyp, AssistentTyp>
  where ChefTyp : Mitarbeiter
  where AssistentTyp : Mitarbeiter
  {
  ChefTyp Chef;
  AssistentTyp Assi;

  public Mitarbeiterzuordnung(ChefTyp Chef, AssistentTyp Assi)
    {
    this.Chef = Chef;
    this.Assi = Assi;
    }
}
```

25.2 Verwendung einer generischen Klasse

Bei der Verwendung einer generischen Klasse müssen sowohl bei der Deklaration der Objektvariablen als auch bei der Instanziierung in spitzen Klammern <...> zu gebrauchenden Typen angegeben werden. In dem folgenden Beispiel wird ein Team aus zwei Piloten gebildet.

In C# kommen anstelle von runden Klammern und dem Schlüsselwort Of die spitzen Klammern zum Einsatz, um die von der Klasse erwarteten Typparameter anzugeben.

Listing: Nutzung einer generischen Klasse in C#
```
Mitarbeiterzuordnung<Pilot,Pilot> CockpitTeam;
Pilot Pilot1 = new Pilot("Müller", "Max")
Pilot Pilot2 = new Pilot("Meier", "Hans");
CockpitTeam = new Mitarbeiterzuordnung<Pilot, Pilot>(Pilot1, Pilot2); // OK!
Passagier Pass1 = new Passagier("Schwichtenberg", "Holger")
' Fehler: CockpitTeam = new Mitarbeiterzuordnung<Pilot, Pilot>(Pilot1, Pass1);
```

25.3 Einschränkungen für generische Typparameter (Generic Constraints)

Ein Problem verbleibt bei der Nutzung generischer Typen: Bei der Deklaration einer Variablen für einen generischen Typ könnte ein Entwickler (versehentlich) Typparameter angeben, für die die Klasse gar nicht vorgesehen ist, beispielsweise ein File-Objekt und ein Directory-Objekt bei der Klasse Mitarbeiterzuordnung.

```
// Das ist Unsinn:
Mitarbeiterzuordnung<System.IO.FileInfo, System.IO.DirectoryInfo> DateiTeam;
```

Um dies zu verhindern, können Bedingungen für die Typparameter (so genannte Generic Constraints) definiert werden. In Visual Basic erfolgt die Festlegung solcher Generic Constraints mit dem Schlüsselwort As hinter dem Typparameternamen in der Of-Deklaration. Nach dem As dürfen in geschweiften Klammern beliebig viele Schnittstellennamen, aber maximal ein Klassenname genannt werden, da die angegebenen Namen additiv wirken und eine Klasse maximal eine Basisklasse besitzen darf. In C# verwendet man das Schüsselwort where.

Listing: Deklaration einer generischen Klasse in C# mit Generic Constraints

```
public class Mitarbeiterzuordnung<ChefTyp, AssistentTyp> where ChefTyp:
Mitarbeiter, new()
                                                where AssistentTyp:
Mitarbeiter, new()
{
            public ChefTyp Chef;
            public AssistentTyp Assi;
            public Mitarbeiterzuordnung(ChefTyp Chef, AssistentTyp Assi,
de.WWWings.Flug flug)
            {
                this.Chef = Chef;
                this.Assi = Assi;
            }
}
```

In Generic Constraints sind folgende Angaben erlaubt:

- eine oder mehrere Schnittstellen

- eine Basisklasse

- Schlüsselwort new (steht für Typen mit parameterlosem Konstruktor)

- Schlüsselwort class (steht für Referenztypen)

- Schlüsselwort structure (steht für Wertetypen)

25.4 Kovarianz für Typparameter

In C# 4.0 hat Microsoft die sogenannte Kovarianz für generische Typen eingeführt. Sie erlaubt es, dass bei einem Typparameter anstelle der eigentlich in einem Methodenparameter genannten Klasse auch eine abgeleitete Klasse übergeben werden kann. Dies deklariert der Entwickler einer generischen Schnittstelle mit dem Schlüsselwort out vor dem Typparameter.

Die den Typparameter der Schnittstelle IEnumerable<T> hat Microsoft bereits so deklariert in der .NET-Klassenbibliothek:

```
public interface IEnumerable<out T> : IEnumerable
  { … }
```

In dem folgenden Listen wird eine Klasse Person implementiert und zwei davon abgeleitete Klassen Professor und Student. Danach werden drei generischen Listen mit der Klasse List<T> erzeugt:

- Eine Liste nur mit Professoren

- Eine Liste nur mit Studenten

- Eine Liste mit Professoren und Studenten, die aus den ersten beiden Listen mit AddRange() zusammengesetzt wird.

Danach werden die drei Listen mit der Methode Print() ausgeben. Print() erwartet als zweiten Parameter IEnumerable<Person>.

Die Kovarianz von IEnumerable wirkt hier in zwei Fällen:

- Das von Microsoft implementierte AddRange() auf List<Person> erwartet IEnumerable<Person>. Dank der von Microsoft deklarierten Kovarianz funktioniert auch die Übergabe einer List<Student> und List<Professor>.

- Das selbst implementierte Print()erwartet IEnumerable<Person>. Dank der von Microsoft deklarierten Kovarianz funktioniert auch die Übergabe einer List<Student> und List<Professor>.

Listing: Kovarianz

```
class Person
  {
  public int ID { get; set; }
  public string Name { get; set; }
  }

class Professor : Person
  {
  public string Fachbereich { get; set; }
  }

class Student : Person
  {
  public int MatrikelNummer { get; set; }
  }

class CollectionVarianzDemo_Uni
  {

public static void Run()
  {
    var hh = new Professor() { ID = 1, Name = "Harald Hastig", Fachbereich =
"Physik" };
    var tl = new Professor() { ID = 2, Name = "Theodor Langweilig", Fachbereich =
"Mathematik" };
    var hs = new Student() { ID = 2, Name = "Hans Streber", MatrikelNummer=123456
};
    var mf = new Student() { ID = 2, Name = "Max Faul", MatrikelNummer = 567890 };

    var ProfListe = new List<Professor>() { hh, tl };
```

```
      var StudentenListe = new List<Student>() { hs, mf };
      var AlleUniAngeoerigen = new List<Person>();


      AlleUniAngeoerigen.AddRange(ProfListe);
      AlleUniAngeoerigen.AddRange(AlleUniAngeoerigen);


      Print("Alle", AlleUniAngeoerigen);
      Print("Professoren", ProfListe); // möglich Dank Kovarianz für IEnumerable<T>
      Print("Studenten", StudentenListe); // möglich Dank Kovarianz für
IEnumerable<T>


    }


    // Kovarianz für IEnumerable<T>; geht nicht mit List<Person>
    public static void Print(string headline, IEnumerable<Person> personen)
    {
      CUI.Headline(headline);
      foreach (var p in personen)
      {
        Console.WriteLine(p.GetType().Name + " #" + p.ID + " heißt " + p.Name);
      }
    }
  }
```

Kovarianz für generische Typparameter wird in Schnittstellendefinitionen festgelegt. Die Kovarianz bezieht sich dann aber auch nur auf die Schnittstellen. Klassen, die diese Schnittstelle implementieren, erhalten nicht diese Kovarianz. Daher kann man in obigem Beispiel bei der Methode Print() den zweiten Parameter nicht mit List<Person> deklarieren, auch wenn List<T> die Schnittstelle IEnumerable<T> implementiert.

Ein zweites Kovarianz-Beispiel zeigt das folgende Listing mit primitiven Typen: Hier kann die Methode Print(IEnumerable<object> c) auch eine List<string> ausgeben.

Listing: Kovarianz

```
/// <summary>
/// Kontra-Varianz bei Collections
/// </summary>
class CollectionVarianzDemo_ObjectString
{
  /// <summary>
  /// Diese Methode erwartet eine Menge von Objekten
  /// </summary>
  public static void Print(IEnumerable<object> c)
  { Console.WriteLine("Anzahl: " + c.Count()); }


  public static void Run()
  {
    List<string> Namen = new List<string> { "Müller", "Meier", "Schulze" };
    // Die Methode erhält eine Menge von Strings
    // Bisher war das nicht möglich, weil Enumerable<T>
    // nicht Kontra-Varianz untersützte!
```

```
    Print(Namen);
  }
}
```

26 Tupel

Die größte syntaktische Erweiterung in C# 7.0 betrifft Tupel. Tupel, also "Listen endlich vieler, nicht notwendigerweise voneinander verschiedener Objekte" [https://de.wikipedia.org/wiki/Tupel]. Tupel haben den Vorteil, dass man eine Datenstruktur definieren und mit Werten befüllen kann, ohne dafür extra eine Klasse oder eine Struktur zu deklarieren. So kann zum Beispiel eine Methode mit einem Tupel mehrere Werte zurückliefern, ohne ref oder out in der Parameterliste zu verwenden und ohne extra eine Klasse oder Struktur für den Rückgabetyp zu schreiben.

26.1 Alte Tupelimplementierung mit System.Collections.Tupel

Tupel können C#-Entwickler seit .NET Framework 4.0 durch die generische .NET-Klasse System.Collections.Tupel verwenden. Diese Klasse unterstützt Tupel mit bis zu acht Elementen (also Oktupel), die über die Field-Attribute Item1, Item2 bis Item8 abgerufen werden können.

```
Tuple<int, string, bool> dozent = new Tuple<int, string, bool>(1, "Holger
Schwichtenberg", true);
Console.WriteLine($"Dozent mit der ID{dozent.Item1}: {dozent.Item2} {(
dozent.Item3 ? "ist ein .NET-Experte!": "")}");
```

26.2 Neue Tupelimplementierung in der Sprachsyntax

In C# 7.0 hat sich Microsoft entschlossen, die Tupel-Unterstützung direkt in der Sprachsyntax zu verankern. Ein Tupel deklariert der Entwickler mit runden Klammern bei der Zuweisung zu einer Variablen:

```
var dozent2 = (1, "Holger Schwichtenberg", true);
```

Die Datentypen der Elemente ergeben sich hier aus den zugewiesenen Werten. In diesem Fall sind die Elemente weiterhin Item1, Item2 bis Item8 benannt. Der Entwickler kann aber in der Deklaration auch sprechende Namen angeben und diese dann verwenden:

```
var dozent3 = (ID: 1, Name: "Holger Schwichtenberg", DOTNETExperte: true);
Console.WriteLine($"Dozent mit der ID{dozent3.ID}: {dozent3.Name}
{(dozent3.DOTNETExperte ? "ist ein .NET-Experte!" : "")}");
```

Auch hier erfolgt die Typvergabe durch Typableitung aus den angegebenen Werten. Wer explizit Kontrolle über die Typen der Tupelelemente möchte, kann die folgende Syntax nutzen:

```
(int ID, string Name, bool DOTNETExperte) dozent4 = (ID:1, Name:"Holger
Schwichtenberg", DOTNETExperte:true);
```

Im Zuweisungsteil (rechts des Gleichheitszeichens) ist die Wiederholung der Namen optional. Ein Tupel kann an allen Stellen zum Einsatz kommen, wo Typnamen erlaubt sind, also auch bei Attributen einer Klasse und Rückgabewerten einer Methode. Die maximale Anzahl der Elemente pro Tupel ist nicht dokumentiert [https://docs.microsoft.com/en-us/dotnet/csharp/whats-new/csharp-7#tuples]. Im Test funktionierte ein Tupel mit 50 Elementen, was hinsichtlich der Übersichtlichkeit schon grenzwertig ist.

> **Hinweis:** Für die Realisierung der Tupel in C# 7.0 benötigt der C#-Compiler eine .NET-Klasse mit Namen System.ValueTuple. Diese ist in .NET Framework ab Version 4.7 bzw. .NET Core ab Version 2.0 enthalten. Ältere .NET-Versionen müssen ein Nuget-Paket [https://packages.nuget.org/packages/System.ValueTuple] installieren. Ohne dies kommt es zum Kompilerfehler "Predefined type 'System.ValueTuple is not defined or imported". Der Name "ValueTuple" weist darauf hin, dass die neuen Tupel als Value Types auf dem Stack

gespeichert werden, während die alten Tupel (System.Collections.Tupel) als Reference Types im Heap residieren.

26.3   Dekonstruktion

Tupel lassen sich in ihre Einzelelemente via Dekonstruktion zerlegen. Das nächste Listing zeigt vier Varianten der Dekonstruktion des Rückgabewertes der Methode GetDozent(), die ein dreiteiliges Tupel liefert. In den ersten drei Fällen entstehen jeweils drei einzelne Variablen. Im vierten Fall kommt die neue Discard-Variable, deren Namen nur aus dem Unterstrich _ besteht, zum Einsatz. Sie zeigt an, dass ein Element verworfen werden soll, d.h. zur Weiterverarbeitung nicht bereitsteht.

Listing: Vier Varianten der Dekonstruktion eines Tupels

```
// Dekonstruktion eines Tupel
(int ID1, string Name1, bool DOTNETExperte1) = GetDozent();
Console.WriteLine(ID1);
Console.WriteLine(Name1);
Console.WriteLine(DOTNETExperte1);

// Dekonstruktion eines Tupel: var möglich
(var ID2, var Name2, var DOTNETExperte2) = GetDozent();
Console.WriteLine(ID2);
Console.WriteLine(Name2);
Console.WriteLine(DOTNETExperte2);

// Dekonstruktion eines Tupel: verkürzte Form des Einsatzes von var
var (ID3, Name3, DOTNETExperte3) = GetDozent();
Console.WriteLine(ID3);
Console.WriteLine(Name3);
Console.WriteLine(DOTNETExperte3);

// Dekonstruktion eines Tupel: Werte ignorieren mit _
var (_, Name4, DOTNETExperte4) = GetDozent();
Console.WriteLine(Name4);
Console.WriteLine(DOTNETExperte4);

...

static (int ID, string Name, bool DOTNETExperte) GetDozent()
{
 return (ID: 1, Name: "Holger Schwichtenberg", DOTNETExperte: true);
}
```

Die Dekonstruktion ist auch auf Instanzen von Klassen anwendbar, wenn diese eine Methode Deconstruct() anbieten, siehe Listing.

Listing: Klassendekonstruktion

```
class Dozent
 {
 public int ID { get; set; }
 public string Name { get; set; }
```

```csharp
  public bool DOTNETExperte { get; set; }

  public void Deconstruct(out int ID, out string Name, out bool DOTNETExperte)
  {
   ID = this.ID;
   Name = this.Name;
   DOTNETExperte = this.DOTNETExperte;
  }

  public Dozent()  {   }

  // Expression-bodied Constructor
  public Dozent(int ID) => this.ID = ID;

  // Expression-bodied Finalizer
  ~Dozent() => Console.Error.WriteLine("Finalized!");

  // Expression-bodied Getter und Setter
  private Decimal? honorar2;
  public Decimal? Honorar2
  {
   get => this.honorar;
   set => this.honorar = value ?? 1000.00m;
  }

  private Decimal? honorar;
  public Decimal? Honorar
  {
   get => this.honorar;

   // throw ist nun an Stellen erlaubt, wo Ausdrücke erwartet werden, z.B. ??
und Expression Lambdas
   set => this.honorar = value ??
        throw new ArgumentNullException(nameof(value), "Kein Honorar nicht
erlaubt!");
  }

 public static void ClassDeconstruction()
 {
  CUI.Headline(nameof(ClassDeconstruction));
  // Dozent ist dekonstruierbare Klasse mit Deconstruct()
  var d = new Dozent() { ID = 1, Name = "Holger Schwichtenberg", DOTNETExperte =
true };
  (var ID, var Name, var DOTNETExperte) = d;
  Console.WriteLine(ID);
  Console.WriteLine(Name);
  Console.WriteLine(DOTNETExperte);
 }
```

26.4   Serialisierung von Tupeln

Bei der Serialisierung von Tupeln (siehe folgendes Listing) wird man feststellen, dass die im Programmcode vergebenenen Elementnamen nicht serialisiert werden, sondern nur als "Item1", "Item2", "Item3" usw. dort erscheinen.

Listing: JSON-Serialisierung eines Tupel

```
var dozent7 = (ID: 1, Name: "Holger Schwichtenberg", DOTNETExperte: true);
var json = JsonConvert.SerializeObject(dozent7);
Console.WriteLine(dozent7.ID);
Console.WriteLine(dozent7.Name);
Console.WriteLine(dozent7.DOTNETExperte);
Console.WriteLine("JSON:" + json);
#region Ergebnis
//JSON: { "Item1":1,"Item2":"Holger Schwichtenberg","Item3":true}
#endregion
```

Grund dafür ist, dass die Elementnamen nur "syntaktischer Zucker" des C#-Compilers sind. In Wirklichkeit besitzt die Klasse VakueTupel nur die Elementnamen mit "ItemX". Dies sieht man auch, wenn man den ILSpy [https://github.com/icsharpcode/ILSpy] zum Dekompilieren einsetzt.

```
ValueTuple<int, string, bool> dozent7 = new ValueTuple<int, string, bool>(1, "Holger Schwichtenberg", true);
string json = JsonConvert.SerializeObject(dozent7);
Console.WriteLine(dozent7.Item1);
Console.WriteLine(dozent7.Item2);
Console.WriteLine(dozent7.Item3);
Console.WriteLine("JSON:" + json);
```

Abbildung: Obiger Programmcode mit dem ILSpy dekompiliert

27 Objektmengen

Es gibt drei Arten von Objektmengen in C# und Visual Basic .NET:

- Einfache Arrays (typisiert)
- Untypisierte Objektmengen
- Typisierte Objektmengen

27.1   Einfache Arrays

Einfache Arrays sind Instanzen der Klasse System.Array. Alle Arrays sind nun dynamisch bezüglich der Größe, jedoch muss man sie explizit erweitern. Die Anzahl der Dimensionen muss bei der Deklaration festgelegt werden.

> **Tipp:** Die Handhabung der Objektmengen aus dem Namensraum System.Collections ist einfacher als die Verwendung von Arrays. Jedoch erwarten einige Methoden in der .NET-Klassenbibliothek Arrays als Parameter. Man kann aber alle Objektmengen in Arrays umwandeln und so mit Objektmengen arbeiten bis zur Parameterübergabe.

Während man in Visual Basic .NET Arrays mit runden Klammern kennzeichnet, kommen in C# eckige Klammern zum Einsatz. Die Initialisierung erfolgt ebenso wie in Visual Basic .NET mit geschweiften Klammern. In .NET-Arrays beginnt die Zählung der Elemente immer bei 0. Einen wichtigen Unterschied gibt es jedoch zwischen Visual Basic .NET und C#: In C# ist in der Deklaration die Anzahl der Elemente zu nennen, in Visual Basic :NET der höchste Index (also Anzahl – 1). Erlaubte und gleichwertige Deklarationen sind:

```
byte[] lottozahlen1 = new byte[7] { 23, 48, 3, 19, 20, 6, 9 };
byte[] lottozahlen2 = new byte[] { 23, 48, 3, 19, 20, 6, 9 };
byte[] lottozahlen3 = { 23, 48, 3, 19, 20, 6, 9 };
```

> **Tipp:** Da es für die Schlüsselwörter ReDim und Preserve kein Äquivalent in C# gibt, muss man hier auf die .NET-Klassenbibliothek zurückgreifen:
>
> Array.Resize<byte>(ref lottozahlen3, 20);

27.2   Objektmengen (untypisiert und typisiert)

Neben den einfachen Arrays kennt .NET Objektmengen im FCL-Namensraum System.Collections, die einfacher zu bedienen bzw. mächtiger sind. So ist häufig die Verwendung von System.Collections.ArrayList komfortabler als ein einfaches Array, da man bei den Objektmengen Elemente hinzufügen und entfernen kann, ohne die Größe der Menge explizit anpassen zu müssen. Die Objektmengen in System.Collections werden nicht durch spezielle Schlüsselwörter in den Sprachen unterstützt.

Während die ursprünglich in .NET 1.0 eingeführten Objektmengen alle untypisiert waren (die Elemente der Liste wurden mit dem allgemeinen Typ System.Object verwaltet und dadurch konnte es Typfehler geben), hat Microsoft mit .NET 2.0 so genannte generische Objektmengen eingeführt, die typisiert sind. Bei den generischen Objektmengen (FCL-Namensraum System.Collections.Generic) wird durch einen Typparameter bei Deklaration bzw. Instanziierung festgelegt, was die Menge aufnehmen darf. List<Typ> bzw. List(of Typ) ist das Pendant zur Klasse ArrayList.

Mengen werden häufig durch die Methode Add() befüllt. C# ab 2008 und Visual Basic ab 2010 bieten hier eine verkürzte Schreibweise mit geschweiften Klammern wie bei einfachen Arrays an (Collection Initializer). Diese Verkürzung funktioniert nur, wenn es eine Add()-Methode gibt!

Listing: Initialisierung einer typisierten Objektmenge in C# mit vier Objekten, davon drei als Collection Initializer

```
// Collection Initializer
List<Vorstandsmitglied> Vorstandsmitglieder = new List<Vorstandsmitglied> { HS,
HM, MM };
Vorstandsmitglieder.Add(HP);
```

28 Anonyme Typen

Neu seit C# 3.0 und Visual Basic .NET 9.0 ist, dass man Objekte ohne eine explizite Klassendefinition erzeugen kann. Solche Klassen erhalten automatisch einen Klassennamen von dem Compiler. Dieser Name ist recht kompliziert und nicht zur Verwendung durch den Entwickler gedacht.

Ein anonymer Typ entsteht in C# durch Verwendung von new ohne Klassennamen und in Visual Basic .NET durch New With.

Listing: Anonyme Typen in C# 3.0

```
// Anonyme Typen
var Fluggesellschaft = new { Name = "World Wide Wings",
                            Gruendungsdatum = new DateTime(2005, 01, 01),
                            Vorstand = Vorstandsmitglieder };
Console.WriteLine(Fluggesellschaft.GetType().FullName);

// 2., gleich aufgebauter anonymer Typ
var Flugzeugbauer = new { Name = "Strong Winds Corp.", Gruendungsdatum = new
DateTime(1972, 08, 01),
                            Vorstand = new List<Vorstandsmitglied>() };
Console.WriteLine(Flugzeugbauer.GetType().FullName);
Durch die obigen Listings entsteht ein anonymer Typ mit diesem Namen:
<>f__AnonymousType0`3[[System.String, mscorlib, Version=2.0.0.0, Culture=neutral
, PublicKeyToken=b77a5c561934e089],[System.DateTime, mscorlib, Version=2.0.0.0,
Culture=neutral, PublicKeyToken=b77a5c561934e089],[System.Collections.Generic.Li
st`1[[NET3.SpracheCSharp.Demo_Sprachfeatures.Vorstandsmitglied, WWWings.Verschie
deneDemos, Version=0.5.0.0, Culture=neutral, PublicKeyToken=null]], mscorlib, Ve
rsion=2.0.0.0, Culture=neutral, PublicKeyToken=b77a5c561934e089]]
```

> **Hinweis:** Dabei ist Folgendes zu beachten:
>
> Die Initialisierung kann mit statischen Werten oder Variablen erfolgen
>
> Zwei auf die o. g. Weise instanziierte Objekte gehören zur gleichen Klasse, wenn sie die gleiche Anzahl und Reihenfolge von Attributen bei der Instanziierung besitzen
>
> Auf diese Weise instanziierte Objekte können nicht mehr verändert werden, weil alle Property-Attribute nur für den Lesezugriff erzeugt werden
>
> Auf diese Weise instanziierte Objekte sind nicht serialisierbar, weil es keinen parameterlosen Standardkonstruktor gibt
>
> Der Name eines anonymen Typen wird bei jedem Kompilierungsvorgang neu vergeben. Man darf sich daher nicht auf das Ergebnis von GetType() verlassen.
>
> Man kann komplexe anonyme Typen durch Verschachtelung erzeugen
>
> Man kann auch ein Array aus anonymen Typen bilden und – mit einem hier aus Platzgründen nicht gezeigten Trick – auch anonyme Typen in andere Objektmengen aufnehmen
>
> Anonyme Typen sind nur für lokale Variablen erlaubt. Sie sind nicht einsetzbar als Klassenmitglieder, Parameter von Methoden und Rückgabewerte von Methoden.

29 Implementierungsvererbung

Anders als in C++, aber wie in Java und C# / Visual Basic ist die Mehrfachvererbung, also die gleichzeitige Ableitung einer Klasse von mehreren anderen Klassen, nicht möglich. Die Implementierungsvererbung stellt alle Attribute, Methoden und Ereignisse auch für die erbende Klasse bereit. Nicht vererbt werden jedoch die Konstruktoren. Zirkuläres Erben (class A : B ... class B : A) ist nicht sinnvoll und daher auch nicht erlaubt.

Die Implementierungsvererbung wird angezeigt durch einen Doppelpunkt nach dem Klassennamen. Der Doppelpunkt dient auch der Anzeige von Schnittstellenvererbung, entspricht also sowohl dem Visual Basic .NET-Schlüsselwort Inherits als auch Implements.

Zum Dritten wird der Doppelpunkt eingesetzt, um in einem Konstruktor einen anderen Konstruktor aufzurufen. Nach dem Doppelpunkt kann auf this (aktuelle Klasse) und base (Basisklasse) Bezug genommen werden. Durch diese Syntaxform wird sichergestellt, dass der Aufruf des anderen Konstruktors immer der erste Befehl in einem Konstruktor ist. Die Anforderung, dass der Aufruf eines anderen Konstruktors der erste Befehl sein muss, existiert auch in C#; dort jedoch gibt es dafür keine spezielle Syntax, sondern die Befehlsreihenfolge wird durch den Compiler geprüft.

Sowohl auf Klassen als auch auf Mitgliederebene kann eine Klasse steuern, wie man von ihr erben kann. Im Standard kann man von einer Klasse erben, man muss es aber nicht. Auf Klassenebene bedeutet abstract (Visual Basic .NET: MustInherit), dass eine Klasse nicht direkt verwendet werden kann, sondern nur der Vererbung dient. sealed (Visual Basic .NET: NotInheritable) bedeutet, dass ein Erben nicht möglich ist.

Für Methoden gelten etwas andere Spielregeln: virtual (Visual Basic .NET: Overridable) legt fest, dass eine Unterklasse eine Methode überschreiben (also reimplementieren) darf (siehe Methode Info() im Listing). abstract (Visual Basic .NET: MustOverride bedeutet, dass die Unterklasse die Methode überschreiben muss (abstrakte Methode). sealed (Visual Basic .NET: NotOverridable legt fest, dass eine Methode versiegelt ist, also nicht überschrieben werden kann. Da dies die Grundeinstellung ist, müssen sealed bzw. NotOverridable nicht explizit genannt werden.

Listing: Implementierung der Klasse Person in C#

```
namespace de.WWWings
{
 public class Person
 {
  // ========== Attribute (Fields)
  public string PersonalausweisNr;
  public string Vorname;
  public string Nachname;
  // ========== Errechnete Attribute (Properties)
  public string GanzerName
  {
   get
   {    return this.Vorname + " " + this.Nachname;    }
  }
  // ========== Konstruktoren
  public Person() {  }
  public Person(string Nachname, string Vorname)
  {
   this.Vorname = Vorname;
   this.Nachname = Nachname;
  }
  // ========== Methoden
  public virtual void Info()
  {    Console.WriteLine("Person: " + this.GanzerName);    }
```

```
  }
}
```
Listing: Implementierung der Klasse Passagier in C#, die von Person erb
```csharp
#region Using directives

using System;
using System.Collections.Generic;
using System.Text;
using de.WWWings.PassagierSystem;
using de.WWWings;

#endregion

namespace de.WWWings.PassagierSystem
{
 public class Passagier : de.WWWings.Person
 {
  // ========== Klassenmitglieder
  public static de.WWWings.PassagierSystem.Passagiere Passagiere = new
Passagiere();
  // ========== Attribute (Fields)
  public de.WWWings.Fluege Fluege = new de.WWWings.Fluege();
  public readonly long PID;
  private de.WWWings.Flug _AktuellerFlug;
  // ========== Errechnete Attribute (Properties)
  public Flug AktuellerFlug
  {
   get
   {     return this._AktuellerFlug;     }
  }
  // ========== Konstruktoren
  public Passagier(string Name, string Vorname) : base(Name, Vorname)
  {
   this.PID = Passagier.Passagiere.Add(this);
  }
  // ========== Methoden
  public void Buchen(de.WWWings.Flug flug)
  {    this.Fluege.Add(flug.FlugNr, flug);    }
  public void Buchen(string Flugnummer)
  {
   if (!(Flug.Fluege.ContainsKey(Flugnummer)))
   {
    throw new de.NETFly.PassagierSystem.FalscheFlugnummer(this.PID + "/" +
Flugnummer);
   }
   else
   {     this.Buchen(de.WWWings.Flug.Fluege[Flugnummer]);     }
  }
  public Flug CheckIn(string Flugnummer)
  {
   if (!(this.Fluege.ContainsKey(Flugnummer)))
   {
    throw new de.NETFly.PassagierSystem.PassagierNichtAufFlugGebucht(this.PID +
"/" + Flugnummer);
   }
   else
   {     return this.Fluege[Flugnummer];     }
  }
  public override void Info()
  {
  Console.WriteLine("Passagier: " + this.GanzerName);
  }
```

```
  }
}
```

30 Ereignisse

Klassen oder einzelne Objekte können Ereignisse auslösen, die von anderen abonniert werden können. Zu einem Ereignis kann es beliebig viele Abonnenten in beliebig vielen Objekten geben. In diesem Fall ruft das Objekt Unterroutinen in allen Abonnenten auf, wenn eine bestimmte Situation eintritt.

Die Definition und die Behandlung von Ereignissen ist in C# komplizierter im Vergleich zu der Vorgehensweise in Visual Basic. In C# 2005 wurde lediglich eine kleine Verbesserung eingeführt.

30.1.1   Definition von Ereignissen

Wenn eine Klasse ein Ereignis auslösen möchte, muss sie zunächst für jeden Ereignistyp einen so genannten Delegaten deklarieren:

```
public delegate void CheckInStartHandler(Passagier p);
public delegate void CheckInEndeHandler(Passagier p);
```

Dann muss die Klasse wie in Visual Basic .NET die Ereignisse als Klassenmitglieder deklarieren, wobei die Parameter hier durch Bezug auf einen Delegaten festgelegt werden.

```
public static event CheckInStartHandler CheckInStart;
public static event CheckInEndeHandler CheckInEnde;
```

> **Tipp:** Eine Vereinfachung bei der Deklaration von Ereignissen ist möglich durch die generische Klasse EventHandler<>.

```
public static event EventHandler<Passagier> CheckInEndeAlternativ;
```

Hier kann man auf die Deklaration eines Delegaten verzichten. Dann gelten aber folgende Nebenbedingungen:

- Die Methodensignatur für das Ereignis ist dann CheckInEndeAlternativ(object Sender, Passagier p)

- Die Klasse Passagier muss von System.EventArgs abgeleitet sein

30.1.2   Ereignis auslösen

Ein spezielles Schlüsselwort zum Auslösen eines Ereignisses (vgl. RaiseEvent in Visual Basic .NET) existiert in C# nicht. Zum Auslösen des Ereignisses kann zwar das Ereignis wie eine Methode aufgerufen werden; zuvor muss aber der Entwickler prüfen, ob überhaupt jemand für das Ereignis registriert ist.

```
if (CheckInStart != null)  { CheckInStart(this);  }
```

30.1.3   Ereignisbehandlung

Auch für die Ereignisbehandlung existieren in C# keine speziellen Schlüsselwörter wie AddHandler, WithEvents und Handles in Visual Basic .NET. In C# muss der Delegat instanziiert werden mit der Ereignisbehandlungsroutine als Parameter und diese so gebildete Instanz muss der Ereignisvariablen der Klasse mit dem Operator + hinzugefügt werden.

Listing: Bindung einer Ereignisbehandlungsroutine

```
Passagier.CheckInStart += new Passagier.CheckInStartHandler(CheckInGestartet);
...
static void CheckInGestartet(Passagier pass)
{       Demo.Print("Check-In beginnt... für " + pass.GanzerName); }
```

C# unterstützt seit Version 2005 zur Ereignisbehandlung auch so genannte anonyme Methoden, mit denen Programmcode direkt einem Delegaten zugewiesen werden kann. Anstelle des Verweises auf eine entsprechende Ereignisbehandlungsroutine kann der Entwickler mit dem Schlüsselwort delegate nun direkt einen Codeblock (anonyme Methode) binden. Wenn mehrere Ereignisse den gleichen Code ausführen sollen, ist die Implementierung der anonymen Methode auf den Aufruf einer Methode zu beschränken.

Listing: Beispiel für die Zuweisung einer anonymen Methode an das Ereignis CheckInEnde() in der Klasse Passagier

```
public static void Run()
{
...
 Passagier.CheckInEnde += delegate (Passagier CheckedInPassagier)
 {
  Int16 AnzahlPass = 0;
  AnzahlPass += 1;
  Demo.Print(AnzahlPass + ". Passagier: " + CheckedInPassagier.GanzerName);
 };
 Passagier p1 = new Passagier("Schröder", "Gerhard");
 p1.CheckIn("NF1234");
...
}
```

31 Schnittstellen (Interfaces)

Während das .NET Framework nur die einfache Implementierungsvererbung unterstützt, gibt es Mehrfachvererbung für Schnittstellen, d. h., eine Klasse kann optional eine oder mehrere Schnittstellen implementieren. Eine Schnittstelle kann auch von mehreren anderen Schnittstellen erben.

Eine Schnittstelle wird in C# durch einen interface-Block deklariert und darf sowohl Attribute als auch Methoden enthalten. Modifizierer hinsichtlich der Sichtbarkeit (public, protected, private etc.) sind nicht erlaubt.

Listing: Definition der Schnittstelle IPilot in C#

```
interface IPilot
  {
  // ====== Attribute
  DateTime FlugscheinSeit { get; set; }
  string FlugscheinTyp { get; set; }
  long Flugstunden { get; set; }
  // ====== Methoden
  void FlugZuweisen(de.WWWings.Flug Flug);
  }
}
```

Listing: Definition der Schnittstelle IPerson in C#

```
interface IPerson
  {
  // ====== Attribute
  string Vorname { get; set; }
  string Name { get; set; }
  long ID { get; set; }
  // ====== Methoden
  void Print();
  }
}
```

Eine Klasse zeigt durch einen Doppelpunkt hinter dem Namen an, dass sie eine Schnittstelle implementieren will.

```
public class Pilot : IPilot
```

Während immer nur eine Implementierungsvererbung möglich ist, können mehrere Schnittstellen realisiert werden:

```
public class Pilot : IPilot, IPerson
```

Eine Klasse kann gleichzeitig eine Implementierungsvererbung und eine Schnittstellenimplementierung mit dem Doppelpunkt angeben.

```
public class Pilot : Mitarbeiter, IPilot
```

Eine Klasse kann gleichzeitig eine Implementierungsvererbung und mehrere Schnittstellenimplementierung mit dem Doppelpunkt angeben.

```
public class Pilot : Mitarbeiter, IPilot, IPerson
```

> **Hinweis:** Der Compiler unterscheidet dabei automatisch, ob der Bezeichner nach dem Doppelpunkt eine Klasse oder eine Schnittstelle ist.

32 Namensräume (Namespaces)

Namensräume dienen der hierarchischen Benennung von Klassen.

Typen werden in .NET nicht mehr wie in COM durch GUIDs, sondern durch Zeichenketten eindeutig benannt. Diese Zeichenketten sind hierarchische Namen, die aus einem Namensraum (engl. Namespace) und einem Typnamen bestehen. Ein Namensraum kann aus mehreren Hierarchieebenen bestehen. Zur Bildung eines voll qualifizierten .NET-Typnamens werden sowohl Namensraum und Typname als auch die Ebenen innerhalb eines Namensraums durch Punkte getrennt. Über alle Namensräume hinweg kann der Typname mehrfach vorkommen, vergleichbar mit gleichnamigen Dateien in verschiedenen Ordnern in einem Dateisystem.

Namensraum

de.ITVisions.NetCrashkurs.Autor

Typname

Abbildung: Beispiel für einen voll qualifizierten .NET-Typnamen

32.1   Softwarekomponenten versus Namensräume

Eine einzelne .NET-Softwarekomponente kann beliebig viele Namensräume umfassen und ein Namensraum kann sich über beliebig viele Softwarekomponenten erstrecken. Die Auswahl der Typen, die zu einem Namensraum gehören, sollte nach logischen oder funktionellen Prinzipien erfolgen. Im Gegensatz dazu sollte die Zusammenfassung von Typen zu einer Softwarekomponente gemäß den Bedürfnissen zur Verbreitung der Klassen (Deployment) erfolgen.

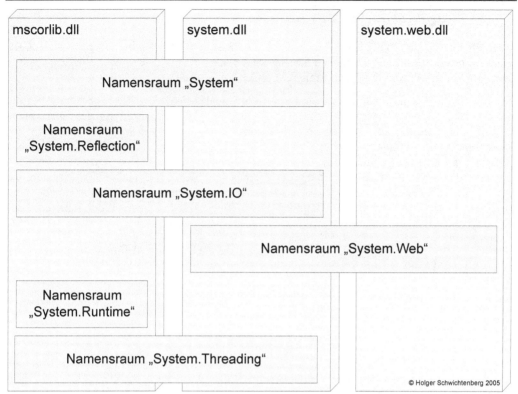

Abbildung: Namensräume versus Softwarekomponenten am Beispiel ausgewählter Teile der .NET-Klassenbibliothek

Im .NET Framework können beliebig viele Namensraumhierarchien parallel existieren. Es gibt keinen gemeinsamen Wurzelnamensraum und keine zentrale Registrierung der Namensräume. Die .NET Framework Class Library (FCL) besitzt zwei Wurzelnamensräume, System und Microsoft.

Da kein globales Verzeichnis aller Namensräume auf einem System existiert, gibt es nicht wie in COM eine einfache Möglichkeit, alle auf einem System vorhandenen .NET-Klassen aufzulisten. Möglich wäre aber die Suche nach .dll- bzw. .exe-Dateien im Dateisystem und eine Einzelprüfung dieser Dateien daraufhin, ob sie .NET-Typen enthalten.

32.2   Vergabe der Namensraumbezeichner

Da keine zentrale Stelle existiert, die die Namensraumbezeichner vergibt, besteht natürlich grundsätzlich die Gefahr, dass zwei Softwareentwickler gleiche Typnamen festlegen. Im CLI-Standard ist daher vorgesehen, dass der Namensraum mit dem Firmennamen beginnt. Noch eindeutiger wird der Name jedoch, wenn man anstelle des Firmennamens den Internet-Domänennamen verwendet, z.B. de.itvisions.wwwings.autor statt itvisions.wwwings.autor.

Diese Konvention schützt natürlich nicht vor mutwilligen Doppelbenennungen. Für .NET-Anwendungen und -Softwarekomponenten ist deshalb vorgesehen, dass diese digital signiert werden können.

32.3   Vergabe der Typnamen

Auch für die Namensgebung von Typen in der .NET-Klassenbibliothek gibt es Regeln, die im CLI-Standard manifestiert sind. Die Namen für Klassen, Schnittstellen und Attribute sollen Substantive sein. Die Namen für Methoden und Ereignisse sollen Verben sein.

Für die Groß- / Kleinschreibung gilt grundsätzlich PascalCasing, d. h., ein Bezeichner beginnt grundsätzlich mit einem Großbuchstaben und jedes weitere Wort innerhalb des Bezeichners beginnt ebenfalls wieder mit einem Großbuchstaben. Ausnahmen gibt es lediglich für Abkürzungen, die nur aus zwei Buchstaben bestehen. Diese dürfen komplett in Großbuchstaben geschrieben werden (z.B. UI und IO). Alle anderen Abkürzungen werden entgegen ihrer normalen Schreibweise in Groß- / Kleinschreibung geschrieben (z.B. Xml, Xsd und W3c). Attribute, die geschützt (Schlüsselwort Protected) sind, und die Namen von Parametern sollen in camelCasing (Bezeichner beginnt mit einem Kleinbuchstaben, aber jedes weitere Wort innerhalb des Bezeichners beginnt mit einem Großbuchstaben) geschrieben werden.

Einige Programmiersprachen (wie beispielsweise C#) erlauben, dass sich zwei Bezeichner nur hinsichtlich der Groß- und Kleinschreibung unterscheiden können. Es wäre in C# also gültig zu definieren:

```
public class Autor
{
  public string Name;
  public string name;
}
```

Jedoch ist diese Vorgehensweise nicht CTS-konform, weil eine andere, nicht zwischen Groß- und Kleinschreibung unterscheidende (case-sensitive) Sprache diese beiden Attribute nicht unterscheiden könnte. Ein Client in Visual Basic würde nur das erste Mitglied Name sehen; das zweite name bliebe verdeckt. CTS-konform ist jedoch folgende Deklaration, weil in diesem Fall das zweite Attribut nicht nach außen angeboten wird:

```
public class Autor
{
  public string Name;
  private string name;
}
```

32.4   Namensräume deklarieren

Die Deklaration eines Namensraums dient dazu, eine Klasse einem Namensraum zuzuordnen. Jede Klasse gehört nur zu genau einem Namensraum.

Die Festlegung des Namensraums für eine Klasse erfolgt in C# durch das Konstrukt namespace { ... }.

```
namespace de.WWWings.PassagierSystem
{
 public class Passagier : de.WWWings.Person
 { ... }
}
```

Hinweis: Anders als bei Visual Basic-Projekten kann man in Visual Studio für C#-Projekte in den Projekteigenschaften keinen Wurzelnamensraum definieren, der allen Namensraumdeklarationen vorangestellt wird, sondern nur einen Standardnamensraum, der beim Anlegen neuer Klassen verwendet wird. Der Standardnamensraum wird nicht automatisch allen Namensraumdeklarationen vorangestellt.

32.5   Import von Namensräumen

Im Normalfall müssen Klassen in .NET immer mit ihrem vollen Namensraum genannt werden. Das Importieren von Namensräumen hat das Ziel, einen Klassennamen mit verkürztem oder ganz ohne Namensraum zu verwenden.

Das Importieren von Namensräumen erfolgt in C# mit dem Schlüsselwort using. Dabei ist es möglich, einen Alias-Namen für einen Namensraum zu vergeben.

```
using System.Collections.Generic;
using GenCol = System.Collections.Generic;
```

Import-Anweisung	Typnutzung
Ohne	System.Collections.Generic.SortedList<string, Flug>
using System.Collections.Generic;	SortedList<string, Flug>
using GenCol = System.Collections.Generic;	GenCol.SortedList<string, Flug>

Tabelle: Beispiele für den Einsatz von Import

32.6   Verweis auf Wurzelnamensräume

Wurzelnamensräume sollten eindeutig sein. Deshalb ist es empfehlenswert, dem Namensraum die Internet-Domain voranzustellen (z.B. de.WWWings.PassagierSystem). Dabei sollte man Namensdopplungen auch für untergeordnete Namensräume vermeiden, weil es sonst unter bestimmten Bedingungen zweideutige Interpretationen einer Anweisung geben könnte. Insbesondere sollte man die Begriffe System und Microsoft vermeiden, weil damit die FCL-Namensräume verdeckt werden.

32.6.1   Beispiel

Wenn man »versehentlich« einen Namensraum wie de.WWWings.System definiert hat, kann man aus diesem Namensraum heraus nicht mehr auf den FCL-Namensraum System zugreifen (siehe Abbildung),

```
namespace CS20.GlobalDemo.System.IO
{
 class FileInfo
 {
  public string Name;
 }
 class FileInfoTest
 {
  public static void Run()
  {
   System.IO.FileInfo f = new System.IO.FileInfo();
   f.Name = @"c:\te
                        class CS20.GlobalDemo.System.IO.FileInfo

   global::System.IO.FileInfo f2 = new global::System.IO.FileInfo(@"c:\temp\daten.txt");
  }
 }
}
```

Abbildung: Der FCL-Namensraum System ist durch den Namensraum CS20.GlobalDemo.System verdeckt

Das Schlüsselwort global:: übernimmt ab C# 2005 die gleiche Funktion wie global ab Visual Basic 2005: Mit diesem dem Namensraum vorangestellten Schlüsselwort adressiert man einen Wurzelnamensraum, wenn dieser durch einen untergeordneten Namensraum verdeckt ist.

```csharp
using System;
using System.Collections.Generic;
using System.Text;
using System.IO;


namespace CS20.GlobalDemo.System.IO
{
        class FileInfo
        {
                public string Name;
        }
        class FileInfoTest
        {
                public static void Run()
                {
                        System.IO.FileInfo f = new System.IO.FileInfo();
                        f.Name = @"c:\test.txt";


                        global::System.IO.FileInfo f2 = new
global::System.IO.FileInfo(@"c:\temp\daten.txt");
                }
        }
}
```

33 Operatorüberladung

Operatorüberladung bedeutet, einem der Standardoperatoren wie +, -, * und = im Zusammenhang mit selbstdefinierten Klassen eine neue Bedeutung zu geben, z.B. ein Flug-Objekt und ein Passagier-Objekt zu addieren, um daraus ein neues Objekt des Typs Buchung zu gewinnen.

> **Wichtig:** Zum Thema Operatorüberladung gibt es geteilte Meinungen. Von einigen Entwicklern wird sie geliebt wegen der Prägnanz. Von anderen Entwicklern wird sie gehasst wegen der Mehrfachbedeutung der Operatoren, die die Lesbarkeit des Programmcodes erschwert. Festzuhalten ist auf jeden Fall, dass man Operatorüberladung nicht zwingend braucht; alles was Operatorüberladung kann, kann man auch durch eine Methode mit einem sprechenden Namen ausdrücken.

C# bietet seit seiner ersten Version eine prägnante Syntax für die Definition einer Operatorüberladung.

Listing: Beispiel für Operatorüberladung in C#

```
// ========== Operatorüberladung
public static Flug operator +(Flug flug, de.WWWings.PassagierSystem.Passagier
pass)
{
 pass.Buchen(flug);
 return flug;
}
```

34 Funktionale Programmierung in C# (Delegates / Lambdas)

C# unterstützt funktionale Programmierung insbesondere durch Delegates (seit C# 1.0) und Lambda-Ausdrücke (seit C# 3.0).

34.1 Delegates

Delegaten (engl. Delegates) sind typsichere Zeiger auf Funktionen. Durch Delegaten kann der aufzurufende Code variabel gehalten werden. Sie kommen insbesondere zum Einsatz für die Ereignisbehandlung und für asynchrone Methodenaufrufe. Ein Delegat kann auf mehrere Funktionen zeigen (Multicast Delegate). Beim Aufruf des Delegaten werden alle an den Delegaten gebundenen Funktionen aufgerufen.

C# unterstützt diese .NET-Funktionszeiger seit Version 1.0 durch das Schlüsselwort delegate.

Listing: Vordefinierte Delegates

```
public static void VordefinierterDelegate()
{
 Action<string> logFunktion = Log;
 // ...
 logFunktion("Erfolgreich!");
}

 // Implementierung des Delegate Action<T>
 public static void Log(string text)
 {
   Console.WriteLine($"LOG {DateTime.Now.ToShortTimeString()}: {text}");
 }
```

Listing: Eigene Delegates

```
// Deklaration Delegate GrussFunktion(string,string) -> string
public delegate string GrussFunktion(string name, string vorname);

public static void EigenerDelegate()
{
 // Übergabe der Funktion Hallo()
 DruckeGruss("Schwichtenberg", "Holger", Hallo);

}

// Funktion, die eine Funktion vom Typ GrussFunktion erwartet
public static void DruckeGruss(string name, string vorname, GrussFunktion grussfu
nktion)
{
 var grussText = grussfunktion(name, vorname);
 Console.WriteLine(grussText);
}

 // Implementierung des Delegate GrussFunktion(string,string)
 public static string Hallo(string name, string vorname)
 {
   return $"Hallo {vorname} {name}!";
 }
```

34.2   Lambda-Ausdrücke

Ein Lambda-Ausdruck ist eine stark verkürzte Schreibweise für eine Methode, die einen einzelnen Ausdruck auswertet. Technisch gesehen handelt es sich bei den Lambda-Ausdrücken um eine verkürzte Schreibweise von Funktionszeigern (Delegates) und zugleich um anonyme Delegaten, da kein expliziter Name für die Delegate-Klasse vergeben wird. Dies erledigt wie bei anonymen Typen der Compiler.

Listing: Delegate-Beispiel mit Lambda-Ausdruck

```
// Deklaration Delegate GrussFunktion(string,string) -> string
public delegate string GrussFunktion(string name, string vorname);

public static void EigenerDelegate()
{

 // Implementierung des Delegate GrussFunktion(string,string) als Expression Lamb
da
 GrussFunktion GutenTag = (name, vorname) =>
 {
  Trace.WriteLine("GutenTag() wurde aufgerufen!");
  return $"Guten Tag {vorname} {name}!";
 };
 // Übergabe des Expression Lambda
 DruckeGruss("Schwichtenberg", "Holger", GutenTag);
}
```

Lambda-Ausdrücke gibt es in zwei Formen: Einzeilige Lambda-Ausdrücke und mehrzeilige Lambda-Ausdrücke.

In C# kommt wie in Visual Basic .NET die Klasse Func zum Einsatz. Zu beachten ist, dass Func kein Schlüsselwort der Sprache C#, sondern eine generische Klasse ist. Daher muss der Name groß geschrieben werden. Der Rumpf wird durch den Operator => knapp gehalten. => könnte man hier lesen als »wird abgebildet auf«.

Hinweis: Lambda-Ausdrücke, die einen Typ auf einem anderen Typ abbilden (also Beispiele 2 bis 4 in dem folgenden Listing), nennt man eine Projektion.

Listing: Beispiele für Lambda-Ausdrücke in C#

```
// Lambda-Ausdrücke deklarieren
Func<int, int> f1 = x => x + 1;
Func<string, string> f2 = s => s.ToUpper();
Func<string, int> f3 = s => s.Length;
Func<string, int, string> f4 = (s, i) => s.Substring(0, i);

// Lambda-Ausdrücke verwenden
Console.WriteLine(f1(10)); // ergibt 11
Console.WriteLine(f2("World Wide Wings")); // ergibt WORLD WIDE WINGS
Console.WriteLine(f3("World Wide Wings")); // ergibt 16
Console.WriteLine(f4("World Wide Wings", 10)); // Ergibt "World Wide"
```

Listing: Beispiel für einen mehrzeiligen Lambda-Ausdruck mit Rückgabewert in C#

```
Predicate<int> ZahlenKleiner10 = x =>
 {
  Console.WriteLine("Prüfe Zahl: " + x);
  return x < 10;
 };


 // Datenmenge
 int[] Zahlen = {1,30, 5, 10, 15, 20, 3, 9};
```

```
// Verwendung Lambda-Ausdruck
var Ergebnis = Array.FindAll(Zahlen, ZahlenKleiner10);
// Ausgabe
foreach (object Zahl in Ergebnis)
{
  Console.WriteLine(Zahl);
}
```

Listing: Beispiel für einen mehrzeiligen Lambda-Ausdruck ohne Rückgabewert in C#

```
// Deklaration Lambda-Ausdruck ohne Rückgabewert
Action<int> Ausgabe = x =>
  {
    Trace.WriteLine(x);
    Console.WriteLine(x);
  };
// Datenmenge
int[] ZahlenReihe = {1,30, 5, 10, 15, 20, 3, 9};
// Verwendung Lambda-Ausdruck
Array.ForEach(ZahlenReihe, Ausgabe);
```

34.3   Prädikate

Ein Einsatzbeispiel für Lambda-Ausdrücke ist der Einsatz als Prädikat. Ein Prädikat ist ein Funktionszeiger (Delegat) auf eine Methode, die true oder false liefert. Prädikate werden zur Auswahl von Elementen in Listen verwendet. Die Objektmengenklassen in der FCL stellen Methoden bereit, die Prädikate erwarten. Das folgende Listing zeigt drei verschiedene Schreibweisen, um alle Vorstandsmitglieder aus einer Liste zu filtern, die eine bestimmte Bedingung erfüllen; die letzte Schreibweise mit Lambda-Ausdrücken ist die kürzeste und eleganteste.

Listing: Prädikate in C#

```
...
// Prädikate klassische Schreibweise
List<Vorstandsmitglied> JungeVorstandsmitglieder1 =
Vorstandsmitglieder.FindAll(AuswahlJunge);
Console.WriteLine("Junge Vorstandsmitglieder: " +
JungeVorstandsmitglieder1.Count);

// Prädikate mit anonymen Methoden
List<Vorstandsmitglied> JungeVorstandsmitglieder2 =
Vorstandsmitglieder.FindAll(delegate(Vorstandsmitglied v) { return v.Alter < 40;
});
Console.WriteLine("Junge Vorstandsmitglieder: " +
JungeVorstandsmitglieder2.Count);

// Prädikate mit Lambda-Ausdruck
List<Vorstandsmitglied> JungeVorstandsmitglieder3 = Vorstandsmitglieder.FindAll(v
=> v.Alter < 40);
Console.WriteLine("Junge Vorstandsmitglieder: " +
JungeVorstandsmitglieder3.Count);
}

// gehört zu Prädikat klassische Schreibweise!
static public bool AuswahlJunge(Vorstandsmitglied v)
{
    return (v.Alter < 40);
}
```

35 Laufzeitfehler

Das Erzeugen und Behandeln von Ausnahmen ist in der Common Language Runtime (CLR), der Laufzeitumgebung von .NET, .NET Core und Xamarin, verankert und daher für alle .NET-Sprachen gleich. Exceptions (Ausnahmen) sind .NET-Objekte, wobei es verschiedene Klassen von Ausnahmen geben kann, die in einer Vererbungshierarchie zueinander stehen. Basisklasse ist System.Exception. Jede Ausnahme stellt Informationen wie eine Fehlerbeschreibung (Message) und die Aufrufliste der Methoden (StackTrace) bereit.

Achtung: Eine .NET-Klasse kann – anders als in Java – nicht deklarieren, welche Fehlertypen sie erzeugt und welche vom Nutzer abgefangen werden müssen (Konzept der Checked Exceptions). Der .NET-Entwickler kann Wissen über mögliche Fehlerarten nur aus der Dokumentation entnehmen.

35.1   Fehler abfangen

C# unterstützt das Konstrukt try...catch...finally, um Laufzeitfehler abzufangen. Dabei kann es mehrere Catch-Blöcke mit unterschiedlichen Ausnahmeklassen geben. Ein catch (Exception ex) fängt alle Fehler ab, weil System.Exception die Oberklasse aller Ausnahmen ist.

Listing: Fehlerbehandlung in C#

```
public static void Run()
    {
      IEnumerable<string> inhalt = null;
      var filename = @"c.\temp\daten.txt";
      try
      {
       inhalt = System.IO.File.ReadLines(filename);
      }
      catch (ArgumentException)
      {
       Console.WriteLine("Ungültiger Dateiname!");
      }
      catch (NotSupportedException ex) when (ex.Message.Contains("format"))
      {
       Console.WriteLine("Ungültiges Format!");
      }
      catch (NotSupportedException ex)
      {
       Console.WriteLine("Nicht unterstützt: " + ex.Message);
      }
      catch (Exception ex)
      {
       Console.WriteLine("Anderer Fehler: " + ex.Message);
      }

      // Inhalt verarbeiten...

    }
```

In C# gibt es seit Version 6.0 auch Exception Filter, mit denen der C#-Entwickler nun zusätzlich zu den Exception-Klassen in den catch-Blöcken mit dem Schlüsselwort when zwischen verschiedenen Fällen differenzieren kann (siehe Listing). Diese Spracheigenschaft gibt es in Visual Basic .NET schon seit dem Jahr 2002.

Listing: Exception Filter in C# 6

```
try
{
 var datei = System.IO.File.ReadLines(filename);
}
catch (ArgumentException) when (filename == "")
{
 Console.WriteLine("Ohne Dateiname macht diese Aktion keinen Sinn!");
}
catch (ArgumentException ex) when (ex.Message.Contains("Illegales"))
{
 Console.WriteLine("Ungültige Zeichen im Dateinamen: " + filename);
}
catch (ArgumentException ex)
{
 Console.WriteLine("Ungültige Angabe: " + filename + ":" + ex.Message);
}
catch (NotSupportedException ex) when (ex.Message.Contains("format"))
{
 Console.WriteLine("Ungültiges Format!");
}
catch (NotSupportedException ex)
{
 Console.WriteLine("Nicht unterstützt: " + ex.Message);
}
 catch (FileNotFoundException ex)
{
 Console.WriteLine("Datei " + filename + " nicht gefunden");
}
catch (Exception ex)
{
 Console.WriteLine("Anderer Fehler: " + ex.Message);
}
```

35.2   Fehler auslösen

Die Anweisung throw ExceptionKlasse erzeugt eine Ausnahme. Neben den in der .NET-Klassenbibliothek vordefinierten Ausnahmen (z.B. System.ArithmeticException, System.ArgumentException, System.FormatException) können eigene anwendungsspezifische Ausnahmeklassen durch Ableitung von System.ApplicationException erzeugt werden.

Seit C# 7.0 der Einsatz von throw ist jetzt auch an Stellen erlaubt, an denen Ausdrücke erwartet werden, z.B. nach dem doppelten Fragezeichen und in Lambda-Ausdrücken.

```
private Decimal? honorar;
public Decimal? Honorar
{
 get => this.honorar;


// throw ist nun an Stellen erlaubt, wo Ausdrücke erwartet werden, z.B. ??
und Expression Lambdas
```

```
       set => this.honorar = value ??
          throw new ArgumentNullException(nameof(value), "Kein Honorar nicht
erlaubt!");
   }
```

35.3   Eigene Fehlerklassen

In C# kann man auch eigene Fehlerklasse definieren, die dann bei throw verwendet werden dürfen.

```
public class FalscheFlugnummer : System.ApplicationException
 {
  public FalscheFlugnummer(string Beschreibung) : base(Beschreibung) { }
 }
public class PassagierNichtAufFlugGebucht : FalscheFlugnummer
 {
  public PassagierNichtAufFlugGebucht(string Beschreibung) : base(Beschreibung) {
}
 }
```

36 Eingebaute Objekte und Funktionen

37   Kommentare und XML-Dokumentation

C# unterstützt drei Arten von Kommentaren:

- Zeilenkommentare, bei denen jede Zeile mit einem // eingeleitet wird

- Blockkommentare, bei denen der Codeblock in /* ... */ eingerahmt wird

- XML-Kommentare, bei denen jede Zeile mit /// beginnt.

```
/// <summary>
/// erbende Klasse
/// </summary>
class Experte : Person
{


  /// <summary>
  /// Kenntnisstand
  /// </summary>
  public Kenntnisse Kenntnisse { get; set; } = Kenntnisse.SehrGut;
  /// <summary>
  /// Themenliste
  /// </summary>
  public List<string> Themen = new List<string>() { ".NET", "C#" };


  /// <summary>
  /// Konstruktor mit Delegation an Basisklasse
  /// </summary>
  /// <param name="name">Name des Experten</param>
  /// <param name="erzeugtAm">Datum der Datensatzerstellung</param>
  /// <param name="kenntnisse">Kenntnisstand</param>
  public Experte(string name, DateTime erzeugtAm, Kenntnisse kenntnisse) :
base(name, erzeugtAm)
  {
    this.Kenntnisse = kenntnisse;
  }


  /// <summary>
  /// Überschriebene Methode zu Ausdruck des Experten
  /// </summary>
  /// <param name="details">Ausdruck von Details</param>
  public override void Drucke(bool details = false)
  {
    base.Drucke(details);
    if (details)
    {
      Console.WriteLine($"Experte für: {String.Join(",", this.Themen)}.");
    }
  }
}
```

Abbildung: Beispiel für XML-Codekommentare in C#

```
// Klasse nutzen
var er = new Person("Max Müller", new DateTime(2015, 12, 1));
er.Drucke(true);

// Erbende Klasse nutzen
var sie = new Experte("Maria Müller", new DateTime(2015, 5, 5), Kenntnisse.SehrGut);
sie.Themen.Add("WPF");
sie.Drucke()
```

> void Experte.Drucke(**[bool details = false]**)
> Überschriebene Methode zu Ausdruck des Experten
> **details:** *Ausdruck von Details*

Abbildung: Visual Studio verwendet die XML-Kommentare bei der Eingabehilfe

---

Praxistipp: Weitere Verwendungsmöglichkeiten der XML-Kommentare ist die Generation von Hilfedokumenten mit dem Sandcastle Help File Builder (SHFB) [https://github.com/EWSoftware/SHFB] oder die Nutzen in Hilfedokumentation von WebAPIs mit Swagger Open API [https://docs.microsoft.com/de-de/aspnet/core/tutorials/web-api-help-pages-using-swagger?tabs=visual-studio].

---

38 Asynchrone Ausführung mit async und await

Zusammen mit dem .NET Framework liefert Microsoft auch neue Versionen der .NET-Programmiersprachen Visual Basic .NET und C#. In C# 5.0 gibt es dieses Mal nur zwei neue Schlüsselwörter (async und await), die aber die asynchronen Programmierung erheblich vereinfachen. Eine Methode kann mit async deklarieren, dass sie plant, im Laufe ihrer Ausführung in einem eigenen Thread weiterzuarbeiten und die Kontrolle an den Aufrufer zurückzugeben. Eine solche asynchrone Methode muss dann ein Task-Objekt (aus der in .NET 4.0 eingeführten Task Parallel Library (TPL)) zurückliefern. Innerhalb der asynchronen Methode wird die Kontrolle dann genau nach dem ebenfalls neuen Schlüsselwort await an den Aufrufer zurückgegeben.

38.1   Async und await mit der .NET-Klassenbibliothek

Das nächste Listing zeigt das Beispiel eines asynchronen Datenbankzugriffs mit Connection, Command und DataReader aus ADO.NET. In diesen Klassen gibt es nun zusätzlich zu den bisherigen synchronen Methoden auch asynchrone Methoden. In dem Beispiel ruft das Hauptprogramm Run() eine selbst erstellte asynchrone Methode ReadDataAsync(). In dieser Methode kommen die von der ADO.NET 4.5 bereitgestellten asynchronen Methoden OpenAsync() und ExecuteReaderAsync() zum Einsatz, die jeweils mit await aufgerufen werden. Es ist dabei eine Konvention, aber keine Pflicht, dass der Name einer asynchronen Methode auf „async" endet. Die Ausgabe der Thread-Nummern im Listing dient lediglich dazu, die asynchrone Ausführung in verschiedenen Threads zu belegen (siehe Abbildung).

Listing: Asynchrone Datenbankoperationen mit ADO.NET ab Version 4.5

```
public static void run()
{
  Console.WriteLine("Run() #1: Aufruf wird initiiert: Thread=" +
System.Threading.Thread.CurrentThread.ManagedThreadId);
  ReadDataAsync();
  Console.WriteLine("Run() #2: Aufruf ist erfolgt: Thread=" +
System.Threading.Thread.CurrentThread.ManagedThreadId);
}


  /// <summary>
  /// Asynchroner Download (Rückgabe: nichts)
  /// </summary>
  static private async void ReadDataAsync()
  {
    // Datenbankverbindung asynchron aufbauen
    SqlConnection conn = new SqlConnection(@"data source=.;initial
catalog=WWWings;integrated
security=True;MultipleActiveResultSets=True;App=ADONETClassic");
    await conn.OpenAsync();
    Console.WriteLine("Nach Open Async: Thread=" +
System.Threading.Thread.CurrentThread.ManagedThreadId);
    // Daten asynchron abrufen
    SqlCommand cmd = new SqlCommand("select top(10) * from flug", conn);
    var reader = await cmd.ExecuteReaderAsync();
    Console.WriteLine("Nach ExecuteReaderAsync: Thread=" +
System.Threading.Thread.CurrentThread.ManagedThreadId);
```

```
   // Daten ausgeben
   while (reader.Read())
   {
     Console.ForegroundColor = ConsoleColor.Yellow;
     Console.WriteLine(reader["Abflugort"]);
     Console.ForegroundColor = ConsoleColor.Gray;
   }

   // Verbindung beenden
   conn.Close();
  }
}
```

```
Run() #1: Aufruf wird initiiert: Thread=10
Run() #2: Aufruf ist erfolgt: Thread=10
Nach Ope Async: Thread=13
Nach ExecuteReaderAsync: Thread=14
Kapstadt
Oslo
Moskau
London
Madrid
Rom
Paris
München
Moskau
Moskau
```

Abbildung: Ausgabe des obigen Listings als Beleg für die asynchrone Ausführung in verschiedenen Thread

38.2   Async und await mit eigenen Threads

Das zweite Beispiel zeigt async und await im Einsatz mit der Ausführung einer Aufgabe in einem separaten Thread mithilfe der Task-Klasse von .NET.

```
public async Task<int> MachWasAsync()
{
 Console.WriteLine("MachWasAsync - Start");
 var t = new Task<int>(MachWasIntern);
 t.Start();
  var r = await t;
 Console.WriteLine("MachWasAsync - Ende");
 return r;
}


private int MachWasIntern()
{
 int sum = 0;
 for (int i = 0; i < 10; i++)
 {
  Console.WriteLine(i.ToString());
  sum += i;
 }
 return sum;
```

}

38.3   Weitere Möglichkeiten

Ab C# 6.0 darf ein C#-Entwickler die Schlüsselwörter async und await auch in catch- und finally-Blöcken verwenden. Dies ist für Visual Basic .NET nicht vorgesehen.

Asynchrone Methoden, die bisher auf die Rückgabe von Task, Task<T> oder void beschränkt waren, können ab C# 7.0 auch andere Typen zurückgeben, die eine GetAwaiter()-Methode implementieren, die ein Objekt mit der Schnittstelle System.Runtime.CompilerServices.ICriticalNotifyCompletion liefert. So kann ein Entwickler nun zum Beispiel den Typ ValueTask<T> aus dem Nuget-Paket System.Threading.Tasks.Extensions [https://www.nuget.org/packages/System.Threading.Tasks.Extensions/] als Rückgabewert verwenden mit dem Vorteil, dass dies ein Value Typ auf dem Stack statt ein Reference Type auf dem Heap ist.

39 Zeigerprogrammierung

Für die Zeigerprogrammierung bietet C# seit Version 1.0 das Schlüsselwort unsafe. Seit C# 7.0 gibt es sicherer Optionen,

39.1 Zeigerprogrammierung mit unsafe

Niemand möchte unsicheren Code schreiben, doch die Programmiersprache C# kennt eine gleichnamige Option (unsafe). Innerhalb von unsicherem Code können in C# Zeiger und Zeigerarithmetik verwendet werden. Diese Operationen werden dann nicht von der Common Language Runtime verifiziert und können zu Programmabstürzen führen. Bei Visual Basic .NET gibt es keine in die Sprachsyntax eingebaute Möglichkeit, Zeiger und Zeigerarithmetik zu nutzen. Das wäre nur über Umwege über die Klassenbibliothek möglich. Wenn Sie derartige Low-Level-Funktionen wirklich nutzen wollten, sollten Sie C# oder C++ / CLI verwenden.

> **Achtung:** Es gibt nur wenige sinnvolle Einsatzgebiete für Zeigerarithmetik im .NET Framework. Ein solcher Fall liegt bei sehr umfangreichen Array-Operationen vor. Da die CLR bei jedem Array-Zugriff die Array-Grenzen prüft, kann durch Einsatz von Zeigerarithmetik ein erheblicher Leistungsgewinn erzielt werden – allerdings auf Kosten der Zuverlässigkeit der Anwendung.

Mit dem Schlüsselwort unsafe können ganze Unterroutinen markiert werden; es besteht auch die Möglichkeit, einen unsafe-Block innerhalb einer Unterroutine zu erzeugen. Voraussetzung für die Kompilierung einer Anwendung mit unsicherem Code ist die Verwendung der Compiler-Option /unsafe.

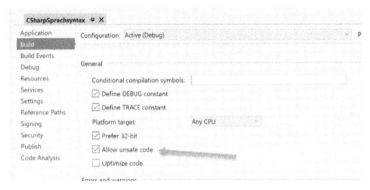

Abbildung: Einstellen der Compileroption "unsafe" in den Projekteigenschaften in Visual Studio

Listing: Unsicherer Code in C#

```
class Zeiger
  {
  unsafe static void ZeigerTest(int* x) // x ist ein Zeiger auf ein Integer32
    {
    int* y; // y ist ein Zeiger auf ein Integer32
    int z = 10; // z ist ein Integer32
    y = &z; // y zeigt auf den Speicherplatz von z
    *x = *x * *y; // Der Platz, auf den x zeigt, soll mit dem Ergebnis des
Produktes aus dem Inhalt von x und y gefüllt werden
    int* r; // y ist ein Zeiger auf ein Integer32
    // Achtung: Das produziert Unsinn!
    r = y + 1;  // r soll nun auf den Speicherplatz zeigen, der 4 Plätze hinter y
liegt
    Demo.Print(*r); // gebe den Inhalt aus, auf den r zeigt
```

```
  }
  public static void run()
  {
    int i = 5;
    unsafe
    {
      ZeigerTest(&i); // Rufe ZeigerTest mit einem Zeiger auf den Speicherplatz von
i auf
    }
    Demo.Print(i);
  }
```

39.2   Zeigerprogrammierung mit ref

Zeigerprogrammierung war in C# lange nur bei Methodenparametern und im Rahmen sogenannter unsafe-Blöcke möglich. Das bisher bei den Methodenparametern verwendete ref-Schlüsselwort dehnt Microsoft in C# 7.0 auch auf lokale Variablen und Methodenrückgabewerte aus. Dabei verwendet man das Schlüsselwort ref sowohl bei der Deklaration des Zeigers ref typ name (vgl. in C++: Typ*) als auch um einen Zeiger auf eine Variable zu erhalten: ref name (vgl. C++: & name).

Das folgende Beispiel zeigt aber, dass im Gegensatz zu C++ in C# eine kontrollierte Variante der Zeigerprogrammierung zum Einsatz kommt. Während eine vergleichbare Befehlsfolge in C++ den Zeiger z im Speicher verschieben würde, wirkt das +=10 in C# 7.0 sich auf den Inhalt statt dem Zeiger aus. Die Variable z enthält danach einen Zeiger auf den Wert 42.

```
int i = 32;
ref int z = ref i;
z+=10;
```

Das nächste Listing zeigt den Einsatz von ref bei dem Rückgabewert einer Methode. Die Methode GetExperte() erhält ein Array und liefert ein Element als Zeiger zurück. Der Aufrufer ändert bei der Verwertung des Rückgabewertes also das Array. Eine Methode kann aber nicht einen Zeiger auf eine lokale Variable innerhalb der Methode zurückgeben.

> **Hinweis:** Solche Zeiger mit ref sind auch nicht anwendbar bei der Deklaration von Klassenattributen als Fields und Properties, in asynchronen und anonymen Methoden, Iteratoren, Lambda- und LINQ-Ausdrücken.

Listing: Einsatz von Zeigern als Rückgabewert einer Methode

```
  /// <summary>
  /// Diese Funktion liefert die Speicherstelle eines Array-Elements, nicht den
Wert!
  /// </summary>
  static public ref string GetReiseziel(string[] namen, int position)
  {
    if (namen.Length > 0) return ref namen[position];
    throw new IndexOutOfRangeException($"Experte #{nameof(position)} nicht
gefunden.");
  }


  /// <summary>
  /// nutzt die Funktion GetReiseziel()
  /// </summary>
  static public void DemoRefReturns2()
  {
    string[] orte = { "Rom", "Paris", "Oslo", "Istanbul", "Moskau" };
```

```
    ref string ort4 = ref GetReiseziel(orte, 3);
    Console.WriteLine("Ort vorher: {0}", ort4); // --> "Istanbul"
    // ändert das Array, da ref!
    ort4 = "Athen";
    Console.WriteLine("Ort nun: {0}", orte[3]); // --> "Athen"
}
```

40 Abfrageausdrücke / Language Integrated Query (LINQ)

40.1 Einführung und Motivation

Language Integrated Query (LINQ) ist eine allgemeine Such- / Abfragesprache, die schon seit dem .NET Framework 3.5 in der .NET-Klassenbibliothek und der Sprachsyntax der Sprachen C# (seit Version 3.0) und Visual Basic .NET (seit Version 9.0) verankert ist.

Das Problem, das LINQ zu lösen versucht, lässt sich so beschreiben: Jede Art von Datenspeicher (z.B. Objektmengen im Hauptspeicher, Datenbanktabellen, XML-Dokumente, Verzeichnisdienste) besitzt eine Möglichkeit zur Suche nach Elementen. Bei Datenbanken ist dies in der Regel die Sprache Structured Query Language (SQL), bei XML-Dokumenten XPath oder XQuery und bei Verzeichnisdiensten LDAP. Für Objektmengen im Hauptspeicher gibt es keinen Standard oder De-Facto-Standard. Innerhalb des .NET Framework findet man unterschiedliche Such- und Abfragemöglichkeiten, z.B. DataView-Objekte für DataTable-Objekte. Auch die Methoden Find() und FindAll(), mit denen man unter Angabe eines Prädikats in Objektmengen aus dem Namensraum System.Collections suchen kann, lassen sich dabei als eine Abfragesprache bezeichnen. Alle diese Abfragesprachen unterscheiden sich hinsichtlich ihrer Mächtigkeit und auch hinsichtlich ihrer Syntax, sodass man für diese verschiedenen Datenspeicher unterschiedliche Befehlssätze beherrschen muss. Erinnert sei an dieser Stelle auch noch daran, dass es zwar einen Standard für SQL gibt, aber es dennoch Unterschiede zwischen der SQL-Syntax verschiedener Datenbankmanagementsysteme gibt.

LINQ tritt an, eine allgemeine Such- und Abfragesyntax für alle Arten von Datenspeichern zu definieren. Unterhalb der LINQ-Abfrageebene werden die Abfragen durch LINQ-Provider in andere Sprachen (z.B. SQL, XPath oder LDAP) übersetzt oder direkt auf dem Datenspeicher ausgeführt.

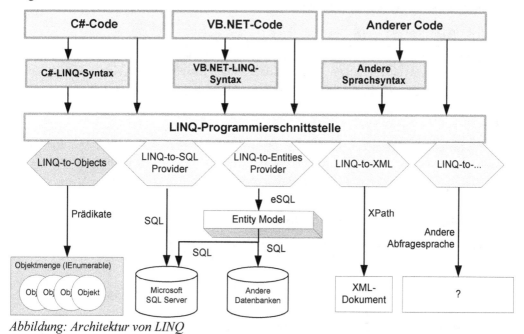

Abbildung: Architektur von LINQ

Neben der Vereinheitlichung der Sprachen bietet LINQ noch einen Vorteil: Während bisher Sprachen wie SQL, XPath und LDAP aus der Sicht des Sprachcompilers nur Zeichenkettenliterale waren, ist die Abfragesyntax nun in der Sprachsyntax bzw. Klassenbibliothek verankert. Der große Vorteil von LINQ ist, dass die Sprachcompiler die Syntax prüfen können und die Entwicklungsumgebung IntelliSense-Unterstützung anbieten kann. Dies ist mit »externen« Suchsprachen, die der Compiler nur als Zeichenkette sieht, nicht möglich.

40.2   LINQ-Provider

Dieser Abschnitt dokumentiert die zum Redaktionsschluss verfügbaren und dem Autor bekannten LINQ-Provider.

> **Hinweis:** LINQ-Provider haben meistens einen Namen, der mit LINQ to ... beginnt (z.B. LINQ to XML). Einige wenige Provider verwenden noch die alte Benennungsweise mit einem vorangestellten Kürzel (z.B. hieß LINQ to XML früher XLINQ).

40.2.1   LINQ-Provider von Microsoft im .NET Framework

Microsoft bietet seit .NET 3.5 die Möglichkeit zur Abfrage von

- .NET-Objektmengen, die die Schnittstelle IEnumerable unterstützen (LINQ to Objects)

- Microsoft SQL Server-Datenbanken (LINQ to SQL, früher: DLINQ),

- ADO.NET-DataSets (LINQ to DataSet) und

- XML-Daten (LINQ to XML, früher: XLINQ).

Seit .NET 3.5 Service Pack 1 liefert Microsoft noch zusätzlich:

- LINQ to Entities im Entity Framework: Abfrage von relationalen Datenbanken (nicht nur Microsoft SQL Server wie bei LINQ to SQL)

- LINQ to DataService: Steuerung von WCF-Datendiensten

> In diesem Büchlein werden nur LINQ-to-Objects und Parallel-LINQ behandelt. Die anderen LINQ-Varianten setzen umfangreiche Kenntnisse zu den entsprechenden Klassenbibliotheken voraus, die außerhalb des Fokus dieses Büchleins sind.

Andere LINQ-Provider

Mittlerweile gibt es neben den in .NET Framework mitgelieferten Providern eine Reihe von Anbietern (kommerzielle und Open Source), so genannte LINQ-Provider für Ihre Datenquellen.

40.2.2   Formen von LINQ

Es gibt zwei grundsätzliche Formen der LINQ-Unterstützung:

- Abfrage über Mengen, die IEnumerable unterstützen: Diese Abfragen fallen alle unter LINQ to Objects und werden von LINQ im RAM ausgeführt.

- Abfrage über Mengen, die IQueryable unterstützen: Diese Abfrage werden von einer datenquellenspezifischen LINQ-Implementierung ausgeführt. LINQ übergibt dieser Implementierung die Abfrage in Form eines Ausdrucksbaums (Expression Tree). Es ist der Implementierung überlassen, wie die Abfrage erfolgt (z.B. Umsetzung in SQL oder XPath oder Aufruf eines Webservices). Der Einsatz von

IQueryable ist wesentlich komplexer als der Einsatz von IEnumerable, denn bei IQueryable werden die LINQ-Abfragen zunächst in einen Ausdrucksbaum (Expression Tree) umgewandelt. Dieser sprachneutrale Ausdrucksbaum wird dann an den LINQ-Provider übergeben, der diesen Baum in die jeweilige providerspezifische Anfragesyntax übersetzt.

40.2.3   Einführung in die LINQ-Syntax

Es gibt zwei Syntaxformen für LINQ: Die Abfragesyntax (Originalbezeichnung: Query Expression Syntax) und die Methodensyntax (Originalbezeichnung: Extension Method Syntax). Die Abfragesyntax ist eleganter, in der Praxis muss man in vielen Fällen beide Syntaxformen mischen, denn viele Befehle sind nur in der Methodensyntax verfügbar.

LINQ-Abfragesyntax

Die Grundstruktur eines LINQ-Befehls in der Abfragesyntax ist

```
from... where... orderby ... select...
```

Die Syntax von LINQ ist an die Datenbankabfragesprache SQL angelehnt, allerdings wird das from immer vorangestellt. Der Grund für diese Abweichung von SQL liegt darin, dass Entwicklungsumgebungen in der Lage sein sollen, dem Entwickler Hilfen bei der Eingabe (IntelliSense) zu geben. Dies kann eine Entwicklungsumgebung aber nur, wenn zu Beginn klar ist, auf welche Menge sich die Abfrage bezieht. Dies ist aber nicht die einzige Abweichung von der SQL-Syntax.

Die folgende Beschreibung liefert eine komplette formale Definition der LINQ-Abfragesyntax. Alle diese hier genannten Begriffe (außer den Platzhaltern id, expr, source, key, query, condition und ordering) sind Schlüsselwörter der Sprache C# (seit 3.0) bzw. Visual Basic (seit 9.0) und werden von der Entwicklungsumgebung Visual Studio (seit 2008) auch wie Sprachschlüsselwörter eingefärbt.

Listing: Syntaxbeschreibung für die LINQ-Abfragesyntax (C#)
```
from id in source
{ from id in source |
  join id in source on expr equals expr [ into id ] |
  let id = expr |
  where condition |
  orderby ordering, ordering, … }
  select expr | group expr by key
[ into id query ]
```
Listing: Syntaxbeschreibung für die LINQ-Abfragesyntax (Visual Basic .NET)
```
From id In source
{ from id In source |
  Join id in source On expr Equals expr [ Into id ] |
  Let id = expr |
  Where condition |
  Take x |
  Skip x |
  Order By ordering, ordering, … }
  Select expr | Group expr By key
  Aggregate x in source
[ Into id query ]
  Distinct
```

An den obigen Syntaxbeschreibungen wird deutlich, dass gar nicht alle Sprachelemente von SQL in der LINQ-Abfragesyntax (d. h. durch eigene Sprachelemente) unterstützt werden. Beispielsweise fehlen in C# DISTINCT und TOP. Dies bedeutet aber nicht, dass diese

Funktionalität in LINQ-Abfragen nicht verfügbar wäre. Es bedeutet nur, dass sie in der LINQ-Abfragesyntax nicht verfügbar sind. Es gibt aber noch eine LINQ-Methodensyntax. In Visual Basic existieren mehr Befehle in der Abfragesyntax.

Beispiele

Vor der Diskussion der Methodensyntax sollen zunächst zwei Beispiele (jeweils in C# und Visual Basic) gezeigt werden.

Beispiel: Abfrage einer Menge von Zeichenketten

In diesem ersten Beispiel werden aus einer Liste von Monaten diejenigen Monate gefiltert, deren Namen vier Zeichen lang sind. Von den Monatsnamen werden nur die ersten drei Zeichen weiterverarbeitet. Die Liste wird lexikalisch aufsteigend sortiert. Das Ergebnis ist also Jul, Jun und Mär.

Listing: Filtern in einer Liste von Zeichenketten (C#)

```
public static void Beispiel1()
{
  // Datendefinition (=Datenquelle)
  string[] AlleMonate = { "Januar", "Februar", "März", "April", "Mai", "Juni",
"Juli", "August", "September", "Oktober", "November", "Dezember" };

  // LINQ-Abfrage
  IEnumerable<string> Monate4 = from Monat in AlleMonate
              where Monat.Length == 4
              orderby Monat
              select Monat.Substring(0, 3);

  // Nutzung des Abfrageergebnisses
  foreach (string Monat in Monate4)
  {
   Console.WriteLine(Monat);
  }
}
```

Listing: Filtern in einer Liste von Zeichenketten (Visual Basic .NET)

```
Public Sub Beispiel1()
  ' Datendefinition (=Datenquelle)
  Dim AlleMonate As String() = {"Januar", "Februar", "März", "April", "Mai",
"Juni", "Juli", "August",
                      "September", "Oktober", "November", "Dezember"}

  ' LINQ-Abfrage
  Dim Monate4 As IEnumerable(Of String) = From Monat In AlleMonate _
  Where Monat.Length = 4 _
  Order By Monat _
  Select Monat.Substring(0, 3)

  ' Nutzung des Abfrageergebnisses
  For Each Monat As String In Monate4
   Console.WriteLine(Monat)
  Next
End Sub
```

Beispiel: Abfrage einer Menge von Objekten des Typs Process

Im zweiten Beispiel werden aus der Liste der laufenden Prozesse diejenigen herausgefiltert, die weniger
als 700.000 Bytes Speicher benötigen. Die Datenmenge wird in diesem Fall von der statischen Methode GetProcesses() in der FCL-Klasse System.Diagnostics.Process geliefert. Von den gefilterten Prozessen wird der Name und die Speichermenge ausgegeben.

Listing: Filtern der Prozessliste (C#)

```
public static void Beispiel2()
{
// LINQ-Abfrage
var Prozesse =
from p in System.Diagnostics.Process.GetProcesses()
where p.WorkingSet64 < 700000
select new { p.ProcessName, p.WorkingSet64 };

// Nutzung des Abfrageergebnisses
foreach (var Prozess in Prozesse)
{
  Console.WriteLine(Prozess.ProcessName + ": " + Prozess.WorkingSet64);
}
}
```

Listing:Filtern der Prozessliste (Visual Basic .NET)

```
Public Sub Beispiel2()
 'LINQ-Abfrage
 Dim Prozesse = _
  From p In System.Diagnostics.Process.GetProcesses() _
  Where (p.WorkingSet64 < 700000) _
  Select New With {p.ProcessName, p.WorkingSet64}

 ' Nutzung des Abfrageergebnisses
 Dim Prozess
 For Each Prozess In Prozesse
  Console.WriteLine(Prozess.ProcessName & ": " & Prozess.WorkingSet64)
 Next
End Sub
```

Hinweis: In dem zweiten Beispiel ist der Einsatz des Schlüsselwortes var anstelle eines konkreten Typnamens bzw. Dim ohne Datentyp zu beachten. Der Grund dafür ist, dass durch die Reduktion der Prozessliste auf die Attribute ProcessName und WorkingSet64 ein anonymer Typ entsteht.

Wichtig: Es gibt drei wichtige Voraussetzungen, damit die LINQ-Abfragesyntax in MSIL (alias CIL) übersetzt werden kann:

Es muss der Compiler für C# 3.0 oder höher bzw. Visual Basic 9.0 oder höher eingesetzt werden. Das heißt, die Syntax ist nicht in Projekten verfügbar, die als Target Framework .NET 2.0 oder 3.0 ausgewählt haben, sondern nur in .NET 3.5- oder 4.0-Projekten.

Die Assembly System.Core.dll muss in dem Projekt referenziert sein

Der Namensraum System.Linq muss importiert sein

Häufig wird Bedingung 3 übersehen. Dies erkennt man an der Fehlermeldung »Could not find an implementation of the query pattern for source type '…'«.

Da select, where, from, etc. ja Schlüsselwörter der Programmiersprachen C# und Visual Basic sind, stellt sich der kritische Leser sicherlich die Frage, warum Bedingungen 2 und 3 erfüllt sein müssen. Bisher gab es keine Schlüsselwörter, die von Referenzen und Importanweisungen abhängig waren. Der Grund liegt in diesem Fall darin, dass der Compiler die LINQ-Abfragesyntax in einem ersten Übersetzungsschritt in LINQ-Methodensyntax übersetzt. Diese Methoden sind Erweiterungsmethoden für bestehende Typen. Wenn diese Erweiterungsmethoden aber nicht verfügbar sind, schlägt die Übersetzung fehl.

LINQ-Methodensyntax

Wie bereits im vorangegangenen Abschnitt erwähnt, sind alle LINQ-Anweisungen intern als Methodenaufrufe realisiert. So wird z.B. das Schlüsselwort where der Abfragesyntax auf die Erweiterungsmethode Where() abgebildet, orderby ist realisiert durch OrderBy() und select durch Select(). Durch die Aneinanderreihung der Methodenaufrufe können komplexe Abfragen definiert werden.

Abfragesyntax	Methodensyntax

// LINQ-Abfrage in Abfragesyntax
IEnumerable<string> Monate4 =
from Monat in AlleMonate
where Monat.Length == 4
orderby Monat
select Monat.Substring(0, 3);
	// LINQ-Abfrage in Methodensyntax
	IEnumerable<string> Monate4 =
	AlleMonate
	.Where(Monat => Monat.Length == 4)
	.OrderBy(Monat => Monat)
	.Select(Monat => Monat.Substring(0,3));

Tabelle: Vergleich von Abfragesyntax und Methodensyntax an einem Beispiel

Tatsächlich existiert nur für einen sehr kleinen Teil der Möglichkeiten von LINQ eine Repräsentation in der Abfragesyntax. Viele Möglichkeiten sind – insbesondere in C# – nur in der Methodensyntax verfügbar, z.B. Top(), Skip(), Distinct(), Min(), Average() etc.

Um die Monate 6 bis 8 in der Liste zu ermitteln, kann man mit Skip() die ersten fünf überspringen und dann mit Take() die nächsten drei auswählen.

Listing: Beispiel in Methodensyntax
```
// LINQ-Abfrage in Methodensyntax
IEnumerable<string> SommerMonate =
    AlleMonate
    .Select(Monat => Monat.Substring(0, 3))
    .Skip(5).Take(3);
```

Die Methodensyntax ist nicht so elegant wie die Abfragesyntax. Man kann aber die beiden Syntaxformen miteinander kombinieren, indem man den Ausdruck in Abfragesyntax in runden Klammern einschließt und auf diesem Ausdruck dann die Erweiterungsmethoden anwendet.

Listing: Beispiel in gemischter Syntax
```
// LINQ-Abfrage in gemischter Syntax
IEnumerable<string> SommerMonate =
    (from Monat in AlleMonate
    select Monat.Substring(0, 3))
    .Skip(5).Take(3);
```

> **Hinweis:** In Visual Basic ist die Abfragesyntax umfangreicher als in C#. In C# kann man aber auch alle LINQ-Befehle nutzen, zum Teil ist die Anwendung aber wesentlich uneleganter als in Visual Basic.
>
> Es gibt zur Laufzeit keinen Unterschied zwischen den beiden Syntaxformen. Auch die Mischung der Syntaxformen hat keinen Nachteil, denn die Klammerung sorgt nicht dafür, dass der Teilausdruck vorher ausgewertet wird. LINQ-Ausdrücke werden immer erst bei ihrer ersten Verwendung ausgeführt (Verzögerte Ausführung). Eine Ausnahme bilden die Konvertierungsmethoden ToArray(), ToDictionary(), ToList() und ToLookup(). Diese vier Methoden sorgen dafür, dass der davorstehende LINQ-Befehl sofort ausgeführt wird.

Übersicht über die LINQ-Befehle

Die folgende Tabelle zeigt die Liste aller in .NET 3.5 / 4.0 verfügbaren LINQ-Befehle. LINQ-Befehle werden auch LINQ-Operatoren genannt.

Methodenname	Schlüsselwort in der Abfragesyntax (C#)	Schlüsselwort in der Abfragesyntax (Visual Basic)	Beschreibung	Äquivalent in SQL
Aggregate			Eigene Aggregatfunktionen	–
All		Aggregate ... In ... Into All()	Liefert *true*, wenn alle Elemente einer Menge die angegebene Bedingung erfüllen	–
Any		Aggregate ... In ... Into Any()	Liefert *true*, wenn mindestens ein Element der Menge die angegebene Bedingung erfüllt	EXISTS
Average			Mittelwert (arithmetischer Durchschnitt)	AVG
Cast	from Typ x in Menge	From ... As ...	Typumwandlung aller Elemente der Menge	–
Concat			Vereinigungsmenge zweier Mengen	UNION
Contains			Prüft, ob die Menge ein bestimmtes Element enthält	IN
Count		Aggregate ... In ... Into Count()	Liefert die Anzahl der Elemente in der Menge in Form einer 32-Bit-Ganzzahl (Typ Int32)	COUNT
Distinct		Distinct	Entfernt alle doppelten Elemente in der Liste	DISTINCT
ElementAt			Liefert das Element in der Menge an	–

			einer bestimmten Stelle (Index)	
ElementAtOr Default			Liefert das Element in der Menge an einer bestimmten Stelle (Index) oder einen Standardwert, wenn der Index negativ oder größer als die Anzahl der Elemente ist	–
Empty			Erstellt eine leere Menge vom angegebenen Typ	–
Except			Vergleicht zwei Mengen und liefert nur diejenigen Elemente, die in der ersten Menge (die Menge, auf die die Methode angewendet wird), aber nicht in der zweiten Menge (die Menge, die als Parameter angegeben wird) vorhanden sind	–
First			Das erste Element einer Menge. Wenn mehrere Elemente in der Menge sind, werden alle anderen bis auf das erste verworfen. Wenn es kein Element gibt, tritt ein Laufzeitfehler auf.	–
FirstOrDefault			Das erste Element einer Menge oder ein Standardwert (bei Referenztypen *null* bzw. *Nothing*), wenn die Menge leer ist. Wenn mehrere Elemente in der Menge sind,	–

			werden alle anderen bis auf das erste verworfen.	
GroupBy	group ... by ... into ...	Group ... By ... Into ...	Gruppiert eine Menge nach dem angegebenen Kriterium	GROUP BY
GroupJoin	join ... in ... on ... equals ... into ...	Group Join ... In ... On ...	Verbindet zwei Mengen durch einen OUTER JOIN	JOIN
Intersect			Liefert die Schnittmenge zweier Mengen	–
Join	join ... in ... on ... equals ...	Join ... In ... On ... Equals ...	Verbindet zwei Mengen durch einen INNER JOIN	JOIN
Last			Liefert das letzte Element einer Menge	–
LastOrDefault			Liefert das letzte Element einer Menge oder einen Standardwert, wenn die Menge leer ist	–
LongCount		Aggregate ... In ... Into LongCount()	Liefert die Anzahl der Elemente in der Menge in Form einer 64-Bit Ganzzahl (Typ Int64)	COUNT
Max		Aggregate ... In ... Into Max()	Ermittelt den maximalen Wert einer Menge	MAX
Min		Aggregate ... In ... Into Min()	Ermittelt den minimalen Wert einer Menge	MIN
OfType			Liefert alle Elemente einer Menge, die Instanzen einer bestimmten Klasse sind	–

OrderBy	orderby	Order By	Sortiert eine Menge aufsteigend	ORDER BY
OrderByDesce nding	orderby ... descending	Order By ... Descending	Sortiert eine Menge absteigend	ORDER BY DESC
Range			Erzeugt eine Menge mit den numerischen Werten von *n* bis *m*	–
Repeat			Erzeugt eine Menge mit n-Mal dem gleichen Element	–
Reverse			Umkehren der Reihenfolge	
Select	select	Select	Bestimmt die Daten und bildet die Elemente, die aus einer Menge erstellt werden	SELECT
SelectMany			Durchläuft Mengen, die selbst Mitglieder anderer Mengen sind und liefert eine flache Liste	–
SequenceEqua l			Prüft, ob zwei Mengen identisch sind hinsichtlich der Anzahl, Reihenfolge und Inhalt der Elemente	–
Single			Das erste Element einer Menge. Wenn es kein Element gibt oder wenn mehrere Elemente in der Menge sind, tritt ein Laufzeitfehler auf.	–
SingleOrDefa ult			Das erste Element einer Menge. Wenn es kein Element gibt, wird der Standardwerte (bei Referenztypen *null*	–

			oder *Nothing*) geliefert. Wenn mehrere Elemente in der Menge sind, tritt ein Laufzeitfehler auf.	
Skip		Skip	Überspringt die ersten *n* Elemente einer Menge und liefert den Rest	–
SkipWhile		Skip While	Überspringt so lange Elemente, wie eine Bedingung erfüllt wird und liefert den Rest	–
Sum		Aggregate ... In ... Into Sum()	Summiert die Elemente einer Menge	SUM
Take		Take	Liefert die ersten *x* Elemente einer Menge	TOP
TakeWhile		Take While	Liefert so lange Elemente, wie eine Bedingung erfüllt wird	–
ThenBy	orderby ..., ...	Order By ..., ...	Angabe eines weiteren aufsteigenden Ordnungskriteriums bei einer Sortierung	ORDER BY
ThenByDescending	orderby ..., ... descending	Order By ..., ... Descending	Angabe eines weiteren absteigenden Ordnungskriteriums bei einer Sortierung	ORDER BY
ToArray			Konvertiert eine Menge zu einem Array	–
ToDictionary			Konvertiert eine Menge zu einer generischen	–

			Dictionary<K,T>-Menge	
ToList			Konvertiert eine Menge zu einer generischen List<T>- Menge	–
ToLookup			Konvertiert eine Menge zu einer generischen Look-up<K,T>-Menge.	–
Union			Vereint zwei Mengen zu einer	UNION
Where	where	Where	Filtern der Eingabemenge	WHERE

Tabelle: LINQ-Befehle

Neben den LINQ-Befehlen kann man auch die Methoden der .NET-Klassenbibliothek in LINQ-Abfragen verwenden. Sinnvoll sind z.B. die Methoden der Klassen System.String (z.B. StartsWith()), System.DateTime (z.B. AddYears() und System.Math (z.B. Round()). Mit LINQ to Objects kann man prinzipiell alle Methoden der .NET Klassenbibliothek und auch eigene Methoden in eigenen Geschäftsobjekten nutzen. Mit anderen LINQ-Providern ist dies nur dann möglich, wenn es für die Methode eine Entsprechung in der Basissyntax gibt. Dies gilt bei LINQ to SQL im Wesentlichen nur für einige Methoden der Klassen System.String, System.Math und System.DateTime. Andere Methoden und selbstdefinierte Methoden haben keine Entsprechung in SQL und können daher auch nicht in LINQ to SQL genutzt werden.

> **Achtung:** Ob die Reihenfolge der Befehle entscheidend ist, hängt von dem LINQ-Provider ab. Bei LINQ to Objects ist
>
> ```
> from x in Zahlen where x < 50 orderby x  select x
> ```
>
> viel schneller als
>
> ```
> from x in Zahlen orderby x where x < 50 select x
> ```
>
> Bei LINQ to Entities gibt es keinen Unterschied, denn die zugrundeliegende Datenbank wird dies optimieren.

40.3   LINQ to Objects

Mit LINQ to Objects wird die Abfrage von Objektmengen im Hauptspeicher bezeichnet. Abgefragt werden können alle Objektmengen, die entweder die Schnittstelle IEnumerable oder ihr generisches Pendant IEnumerable<T> unterstützen. Dies sind also die Klassen in System.Collections (z.B. ArrayList, Hashtable, Queue und Stack), die Klassen in System.Collections.Generic (z.B. List<T>, SortedDictionary<T>, Queue<T> und Stack<T>), die Klasse System.Array sowie spezielle Mengen wie DataRowCollection, DataColumnCollection, DirectoryEntries und ManagementObjectCollection. Da IEnumerable bzw. IEnumerable<T> Voraussetzung für das Funktionieren der foreach-Schleife sind, besitzt praktisch jede Menge in der .NET-Klassenbibliothek eine der beiden Schnittstellen. Für LINQ to Objects ist es unerheblich, ob die Menge vom .NET Framework erzeugt wird oder von eigenem Programmcode.

40.3.1 LINQ to Objects mit elementaren Datentypen

Am Beispiel einer Menge von Zahlen in Form eines Arrays vom Typ Int32 soll die Anwendung von LINQ-Befehlen auf elementaren Datentypen gezeigt werden.

Gegeben sind zwei Zahlenmengen:

Listing: Definition der Zahlenmenge

```
int[] Zahlen1 = { 15, 4, 11, 3, 19, 8, 16, 7, 12, 5, 9, 20, 1, 4, 8, 13, 14, 4, 1
};
int[] Zahlen2 = { 12, 5, 31, 24, 29, 20, 13, 31 };
```

Das folgende Listing enthält zahlreiche Fragestellungen in Bezug auf diese beiden Zahlenmengen und den Weg, die Lösung mit LINQ zu ermitteln. Das jeweilige Ergebnis wird aus Platzgründen hier nicht abgedruckt. Durch den Programmcode zu diesem Büchlein können Sie dies jedoch selbst ausprobieren.

Listing: Anwendungsbeispiele von LINQ to Objects auf Zahlenmengen

```
private static void Demo_LTO_Zahlen()
{
int i;
double d;

string s = "Geben Sie die Zahlen aus, die kleiner als 10 sind.";
var Ergebnis =
    from n in Zahlen1
    where n < 10
    select n;
Print(Ergebnis, s);

s = "Geben Sie die Zahlen, die kleiner als 10 sind, aufsteigend sortiert
aus.";
Ergebnis =
    from n in Zahlen1
    where n < 10
    orderby n // optional
    select n;
Print(Ergebnis, s);

s = "Geben Sie die Zahlen, die kleiner als 10 sind, absteigend sortiert aus.";
Ergebnis =
    from n in Zahlen1
    where n < 10
    orderby n descending
    select n;
Print(Ergebnis, s);

s = "Geben Sie die Zahlen, die kleiner als 10 sind, absteigend sortiert aus."
+
    "Eliminieren Sie alle Duplikate.";
Ergebnis =
    (from n in Zahlen1
    where n < 10
    orderby n descending
    select n).Distinct();
Print(Ergebnis, s);

s = "Geben Sie die vierte bis achte Zahl aus.";
Ergebnis =
    (from n in Zahlen1
    where n < 10
    select n).Skip(3).Take(4);
Print(Ergebnis, s);
```

```
s = "Geben Sie die erste Zahl aus!";
i =
    (from n in Zahlen1
     select n).First();
Print(i, s);

s = "Geben Sie die letzte Zahl aus!";
i =
    (from n in Zahlen1
     select n).Last();
Print(i, s);

s = "Geben Sie die 10. Zahl aus!";
i =
    (from n in Zahlen1
     select n).ElementAt(9);
Print(i, s);

s = "Geben Sie die 50. Zahl aus! (Fangen Sie den Fehler ab!)";
i =
    (from n in Zahlen1
     select n).ElementAtOrDefault(49);
Print(i, s);

s = "Geben Sie die Anzahl der Zahlen aus.";
i =
    (from n in Zahlen1
     select n).Count();
Print(i, s);

s = "Geben Sie nur die niedrigste Zahl aus.";
i =
    (from n in Zahlen1
     select n).Min();
Print(i, s);

s = "Geben Sie nur die höchste Zahl aus.";
i =
  (from n in Zahlen1
   select n).Max();
Print(i, s);

s = "Geben Sie den Durchschnitt aus.";
d =
  (from n in Zahlen1
   select n).Average();
Print(d, s);

s = "Geben Sie die Summe aus.";
d =
  (from n in Zahlen1
   select n).Sum();
Print(d, s);

s = "Geben Sie das Produkt aller Werte aus.";
d =
  (from n in Zahlen1
   select n).Aggregate((summe, wert) => summe *= wert);
Print(d, s);

s = "Gruppieren Sie die Werte.";
IEnumerable<IGrouping<int, int>> GruppeErgebnis =
    (from n in Zahlen1
```

```
            group n by n);
    Print(GruppeErgebnis, s);


    s = "Geben Sie die Häufigkeit eines jeden Werts aus!";
    IDictionary<int, int> GruppeHaeufigkeit =
            (from n in Zahlen1
            group n by n into g
            select new { Wert = g.Key, Anzahl = g.Count() }
            ).ToDictionary(y => y.Wert, y => y.Anzahl);
    Print(GruppeHaeufigkeit, s);


    s = "Verbinden Sie die Zahlenmengen 1 und 2:";
    Ergebnis = (from n in Zahlen1 select n).Union(from n2 in Zahlen2 select n2);
    Print(Ergebnis, s);


    s = "Verbinden Sie die Zahlenmengen 1 und 2 und sortieren Sie das Ergebnis:";
    Ergebnis = (from n in Zahlen1 select n).Union(from n2 in Zahlen2 select
n2).OrderBy(n => n);
    Print(Ergebnis, s);


    s = "Bilden Sie die Schnittmenge aus den Zahlenmengen 1 und 2.";
    Ergebnis = (from n in Zahlen1 select n).Intersect(from n2 in Zahlen2 select
n2).OrderBy(n => n);
    Print(Ergebnis, s);


    s = "Schließen Sie die Zahlen aus Zahlenmengen 2 in Menge 1 aus.";
    Ergebnis = (from n in Zahlen1 select n).Except(from n2 in Zahlen2 select
n2).OrderBy(n => n);
    Print(Ergebnis, s);


    s = "Prüfen Sie, ob die Zahlenmenge 1 und 2 die gleichen Zahlen in der
gleichen Reihenfolge enthalten.";
    bool Erfuellt = (from n in Zahlen1 select n).SequenceEqual(from n2 in Zahlen2
select n2);
    Print(Erfuellt, s);


    s = "Prüfen Sie, ob die Zahl 20 in der Menge vorkommt.";
    Erfuellt =
            (from n in Zahlen1
            orderby n descending
            select n).Contains(14);
    Print(Erfuellt, s);


    s = "Prüfen Sie, ob Zahlen größer als 20 in der Menge vorkommen.";
    Erfuellt =
            (from n in Zahlen1
            orderby n descending
            select n).Any(n => n > 20);
    Print(Erfuellt, s);


    s = "Prüfen Sie, ob alle Zahlen kleiner 20 sind.";
    Erfuellt =
            (from n in Zahlen1
            orderby n descending
            select n).All(n => n < 20);
    Print(Erfuellt, s);


    s = "Filtern Sie alle Integer-Werte heraus!";
    Ergebnis =
    (from n in Zahlen1 select n).OfType<int>();


    Print(Ergebnis, s);
```

```
s = "Wandeln Sie alle Zahlen in Byte-Werte um!";
var kleineZahlen =
  (from n in Zahlen1 select n).Cast<byte>();
foreach (var x in kleineZahlen)
{
  Console.WriteLine(x);
}
Print(kleineZahlen, s);
}
```

Das obige Listing nutzt zur Ausgabe die selbstdefinierte Methode Print(). Es muss aber mehrere Überladungen von Print() geben, da die LINQ-Abfragen unterschiedliche Ergebnisse liefern können:

- Viele der obigen LINQ-Abfragen liefern wieder eine Zahlenmenge zurück. Der konkrete Datentyp, der zurückgeliefert wird, ist von den eingesetzten Methoden abhängig. Alle diese Klassen besitzen jedoch die Schnittstelle IEnumerable<int>. Zum Durchlaufen des Ergebnisses ist eine einfache Schleife ausreichend.

- Durch das Gruppieren von Elementen ohne das Schlüsselwort into entstehen zwei verschachtelte Objektmengen des Typs IEnumerable<IGrouping<int, int>>. Die obere Menge repräsentiert dabei die Gruppen, die untergeordnete Menge die Elemente in jeder Gruppe. Zum Durchlaufen des Ergebnisses ist eine geschachtelte Schleife notwendig. Diese Form des Gruppierens bezeichnet man als hierarchisches Gruppieren.

- Durch das Gruppieren von Elementen mit dem Schlüsselwort into entsteht ein neuer anonymer Typ, der das Gruppierungskriterium und die zusammengefassten Daten anderer Mitglieder des Ausgangstyps enthält. Das Ergebnis ist ein Dictionary-Objekt mit zwei Int32-Werten: IDictionary<int, int>. Diese Form des Gruppierens entspricht dem flachen Gruppieren aus SQL. Trotz der Verwendung von into kann man hierarchisches Gruppieren erreichen, wenn man in dem anonymen Typ auf die Gruppe selbst verweist, z.B. from p in System.Diagnostics.Process.GetProcesses group p by p.ProcessName into g select new { Name = g.Key, Anzahl = g.Count(), Max = g.Max(p => p.WorkingSet64), ProzesseInDieserGruppe = g };

Listing: Ausgaberoutinen für die Ergebnisse der LINQ-Abfragen (Auswahl)

```
priate static void Print(IEnumerable<int> Nums, string s)
{
  HeadLine(s);
  foreach (int x in Nums)
  {
    Console.WriteLine(x);
  }
}

private static void Print(IDictionary<int, int> gruppe, string s)
{
  HeadLine(s);
  foreach (var x in gruppe)
  {
    Console.WriteLine(x.Key + ": " + x.Value);
  }
}

private static void Print(IEnumerable<IGrouping<int, int>> Gruppen, string s)
{
  HeadLine(s);
  foreach (IGrouping<int, int> x in Gruppen)
  {
    Console.WriteLine("---- " + x.Key);
```

```
      foreach (int i in x)
      {
        Console.WriteLine(i);
      }
    }
  }
```

40.3.2 LINQ to Objects mit komplexen Typen des .NET Framework

Die Anwendung von LINQ to Objects auf komplexe Datentypen unterscheidet sich von der Anwendung auf elementare Datentypen wie folgt:

- Bei LINQ to Objects mit elementaren Datentypen wurde die in dem from-Ausdruck deklarierte Laufvariable selbst für Bedingungen, Sortierungen und Berechnungen verwendet. Bei komplexen Datentypen muss mithilfe der Laufvariablen Bezug auf ein Mitglied des Objekts genommen werden.

- LINQ to Objects mit elementaren Datentypen liefert in der Regel eine Menge des Eingabetyps zurück. Bei komplexen Datentypen kann alternativ ein anonymer Typ zurückgegeben werden, der nur eine Teilmenge der Mitglieder des Ausgangstyps enthält. Dies nennt man eine Projektion.

Beispiel

In dem folgenden Beispiel werden LINQ-Befehle auf einer Menge von Objekten des Typs System.Diagnostics.Process angewendet. Die statische Methode GetProcesses() der Klasse System.Diagnostics.Process liefert eine Liste der laufenden Prozesse auf einem System in Form eines Arrays mit Instanzen von System.Diagnostics.Process.

Listing: Anwendungsbeispiele von LINQ to Objects auf eine Menge von Objekten des Typs System.Diagnostics.Process

```
private static void Demo_LTO_Prozesse()
  {
    Process[] Prozesse = Process.GetProcesses();

    Process p;
    long i;
    double d;

    string s = "Geben Sie alle Prozesse aus, die weniger als 3.000.000 Bytes
Speicher verbrauchen.";
    var Ergebnis =
        from n in Prozesse
        where n.WorkingSet64 < 3000000
        select n;
    Print(Ergebnis, s);

    s = "Geben Sie alle Prozesse aus, die weniger als 3.000.000 Bytes Speicher
verbrauchen. Sortieren Sie die Liste aufsteigend nach Speicherverbrauch.";
    Ergebnis =
    from n in Prozesse
    where n.WorkingSet64 < 3000000
    orderby n.WorkingSet64 // optional
    select n;
    Print(Ergebnis, s);

    s = "Geben Sie alle Prozesse aus, die weniger als 3.000.000 Bytes Speicher
verbrauchen. Sortieren Sie die Liste absteigend nach Speicherverbrauch.";
    Ergebnis =
    from n in Prozesse
```

```
    where n.WorkingSet64 < 3000000
    orderby n.WorkingSet64 descending // optional
    select n;
    Print(Ergebnis, s);

    s = "Geben Sie die Prozesse aus. Eliminieren Sie alle Duplikate.";
    Ergebnis =
        (from n in Prozesse
          select n).Distinct();
    Print(Ergebnis, s);

    s = "Geben Sie den vierten bis achten Prozess aus in der nach
Speicherverbrauch aufsteigend sortierten Liste aller Prozesse, die mehr als
1.000.000 Bytes verbrauchen.";
    Ergebnis =
        (from n in Prozesse
          where n.WorkingSet64 > 1000000
          orderby n.WorkingSet64
          select n).Skip(3).Take(4);
    Print(Ergebnis, s);

    s = "Geben Sie den ersten Prozess aus in der nach Speicherverbrauch
aufsteigend sortierten Liste aller Prozesse, die mehr als 1.000.000 Bytes
verbrauchen.";
    p =
        (from n in Prozesse
          where n.WorkingSet64 > 1000000
          orderby n.WorkingSet64
          select n).First();
    Print(p, s);

    s = "Geben Sie den letzten Prozess aus in der nach Speicherverbrauch
aufsteigend sortierten Liste aller Prozesse, die mehr als 1.000.000 Bytes
verbrauchen.";
    p =
        (from n in Prozesse
          where n.WorkingSet64 > 1000000
          orderby n.WorkingSet64
          select n).Last();
    Print(p, s);

    s = "Geben Sie den 10. Prozess aus in der nach Speicherverbrauch aufsteigend
sortierten Liste
aller Prozesse, die mehr als 1.000.000 Bytes verbrauchen.";
    p =
        (from n in Prozesse
          where n.WorkingSet64 > 1000000
          orderby n.WorkingSet64
          select n).ElementAt(9);
    Print(p, s);

    s = "Geben Sie den 150. Prozess aus! (Fangen Sie den Fehler ab!)";
    p =
        (from n in Prozesse
          select n).ElementAtOrDefault(149);
    Print(p, s);

    s = "Geben Sie die Anzahl der Prozesse aus (mit einem LINQ-Statement!)";
    i =
        (from n in Prozesse
          select n).Count();
    Print(i, s);
```

```
s = "Geben Sie nur den niedrigsten Speicherverbrauch aus";
i =
    (from n in Prozesse
     select n).Min(n => n.WorkingSet64);
Print(i, s);

s = "Geben Sie nur den höchsten Speicherverbrauch aus";
i =
    (from n in Prozesse
     select n).Max(n => n.WorkingSet64);
Print(i, s);

s = "Geben Sie den durchschnittlichen Speicherverbrauch aus";
d =
    (from n in Prozesse
     select n).Average(n => n.WorkingSet64);
Print(i, s);

s = "Geben Sie die Summe des Speicherverbrauchs aus";
i =
    (from n in Prozesse
     select n).Sum(n => n.WorkingSet64);
Print(i, s);

s = "Gruppieren Sie die Prozesse nach Namen.";
IEnumerable<IGrouping<string, Process>> GruppeErgebnis =
    (from n in Prozesse
     group n by n.ProcessName);
Print(GruppeErgebnis, s);

s = "Geben Sie die Häufigkeit eines jeden Prozessnamens aus!";
IDictionary<string, int> GruppeHaeufigkeit =
        (from n in Prozesse
         group n by n.ProcessName into g
         select new { Name = g.Key, AnzProzess = g.Count() }
        ).ToDictionary(y => y.Name, y => y.AnzProzess);
Print(GruppeHaeufigkeit, s);

s = "Starten Sie einen neuen Prozess (Notepad) und ermitteln Sie, durch einen
Vergleich der Prozessliste vorher und nachher, welche Prozesse neu hinzugekommen
sind. (Geben Sie die Process-ID und den Prozessnamen aus!)";
Process neupro = Process.Start(@"C:\Windows\notepad.exe");
neupro.WaitForInputIdle();
Process[] Prozesse2 = Process.GetProcesses();

//Print((from p1 in Prozesse where p1.ProcessName=="notepad" select p1),
"Test");
//Print((from p2 in Prozesse2 where p2.ProcessName=="notepad" select p2),
"Test");
IEnumerable<int> ProzessListe = (from n2 in Prozesse2 select
n2.Id).Except(from n in Prozesse select n.Id);
Print(ProzessListe, s);

//var ProzessListe2 = from p in System.Diagnostics.Process.GetProcesses()
select p.ProcessName;

s = "Listen Sie die Prozesse mit ihren Threads auf.";
var ProzesseMitThreads =
    (from n in Prozesse
     select new { n, n.Threads }
    );
HeadLine(s);
foreach (var x in ProzesseMitThreads)
{
```

```
  Console.WriteLine(x.n);
  try
  {
   foreach (ProcessThread y in x.Threads)
   {
    Console.WriteLine(y.StartTime);
   }
  }
  catch (Exception)
  {
  }
 }

 s = "Geben Sie zu jedem Prozess die Anzahl der Threads aus!";
 var ProzesseMitThreadCount =
  (from n in Prozesse
   where n.Id > zehn
   select new { n, n.Threads.Count }
   );
 HeadLine(s);
 foreach (var m in ProzesseMitThreadCount)
 {
   Console.WriteLine(m.n + ":" + m.Count);
 }

 s = "Geben Sie die Prozesse aus, die mehr als 10 Threads haben!";
 Ergebnis =
    (from n in Prozesse
     where n.Threads.Count > 10
     select n);
 Print(Ergebnis, s);

 s = "Geben Sie den/die Prozess(e) aus, der/die die meisten Threads hat!";
 Ergebnis = (from n in Prozesse where n.Threads.Count == Prozesse.Max(x =>
x.Threads.Count) select n);
   Print(Ergebnis, s);
 }
```

40.3.3   LINQ to Objects mit eigenen Geschäftsobjekten

LINQ-Abfragen können auch über eigene (Geschäfts-)Objektmengen gestellt werden, egal ob
diese direkt durch Implementierung von IEnumerable/IEnumerable<T> oder durch Ableiten von
einer der vordefinierten Mengenklassen implementiert wurden. Das folgende Objektmodell zeigt
drei Mengen (FlugMenge, PassagierMenge und BuchungsMenge), die jeweils durch Ableiten von
der Klasse System.Collections.Generic.List<T> realisiert wurden.

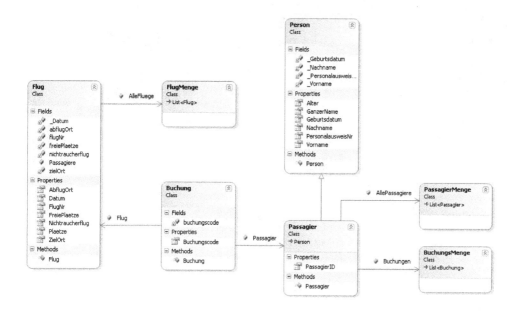

Abbildung: Objektmodell für die folgenden Beispiele

Beispiel

Das folgende Listing zeigt zahlreiche Beispiele zur Abfrage der Mengen in dem oben dargestellten Objektmodell. Das Listing setzt voraus, dass die Mengen vorher mit Daten gefüllt wurden. Diese Befüllung wird hier aus Platzgründen nicht abgedruckt, ist jedoch in den Codebeispielen zu diesem Buch enthalten.

Listing: Anwendungsbeispiele von LINQ to Objects auf verschiedene selbstdefinierte Geschäftsobjektmengen

```
private static void Demo_LTO_Objektmodell()
  {
  // Initialisiere das Objektmodell
  BO_Init.Init();
  string s;
  long i;
  Flug flug;
  double d;

  s = "Geben Sie alle Flüge von Rom abgehend aus!";
  var Ergebnis =
   from f in Flug.AlleFluege
   where f.AbflugOrt == "Rom"
   select f;
  Print(Ergebnis, s);

  s = "Geben Sie alle Flüge aus, die weniger als 100 freie Plätze haben.";
  Ergebnis =
     from n in Flug.AlleFluege
     where n.FreiePlaetze < 100
     select n;
  Print(Ergebnis, s);
```

```
  s = "Geben Sie alle Flüge aus, die weniger als 100 freie Plätze haben.
Sortieren Sie die Liste aufsteigend nach Platzanzahl.";
  Ergebnis =
  from n in Flug.AlleFluege
  where n.FreiePlaetze < 100
  orderby n.FreiePlaetze
  select n;
  Print(Ergebnis, s);

  s = "Geben Sie alle Flüge aus, die weniger als 100 freie Plätze haben.
Sortieren Sie die Liste absteigend nach Platzanzahl.";
  Ergebnis =
  from n in Flug.AlleFluege
  where n.FreiePlaetze < 100
  orderby n.FreiePlaetze descending
  select n;
  Print(Ergebnis, s);

  s = "Geben Sie Flug 101 aus.";
  flug = (from f in Flug.AlleFluege
          where f.FlugNr == 101
          select f).SingleOrDefault();
  Print(flug, s);

  s = "Geben Sie die Flüge aus, aber jede Strecke nur einmal!";
  var Strecken =
       (from n in Flug.AlleFluege
        select new { n.AbflugOrt, n.ZielOrt }).Distinct();
  HeadLine(s);

  foreach (var f in Strecken)
  {
    Console.WriteLine(f.AbflugOrt + " -> " + f.ZielOrt);
  }

  s = "Geben Sie alle Ziele aus, die von Rom aus erreichbar sind.";
  var Ziele =
       (from n in Flug.AlleFluege
        where n.AbflugOrt == "Rom"
        select n.ZielOrt).Distinct();
  HeadLine(s);

  foreach (string f in Ziele)
  {
    Console.WriteLine(f);
  }

  s = "Geben Sie den vierten bis achten Flug aus in der nach freien Plätzen
aufsteigend sortierten Liste aller Flüge, die in Berlin landen.";
  Ergebnis =
       (from n in Flug.AlleFluege
        where n.ZielOrt == "Berlin"
        orderby n.FreiePlaetze
        select n).Skip(3).Take(4);
  Print(Ergebnis, s);

  s = "Geben Sie den ersten Flug aus in der nach freien Plätzen aufsteigend
sortierten Liste aller Flüge, die in Berlin landen.";
  flug =
       (from n in Flug.AlleFluege
        where n.ZielOrt == "Berlin"
        orderby n.FreiePlaetze
        select n).First();
  Print(flug, s);
```

```
s = "Geben Sie den letzten Flug aus in der nach freien Plätzen aufsteigend
sortierten Liste aller Flüge, die in Berlin landen.";
flug =
    (from n in Flug.AlleFluege
    where n.ZielOrt == "Berlin"
    orderby n.FreiePlaetze
    select n).Last();
Print(flug, s);

s = "Geben Sie den 10. Flug aus in der nach freien Plätzen aufsteigend
sortierten Liste aller Flüge, die in Berlin landen.";
flug =
    (from n in Flug.AlleFluege
    where n.ZielOrt == "Berlin"
    orderby n.FreiePlaetze
    select n).ElementAt(9);
Print(flug, s);

s = "Geben Sie den 150. Flug aus in der nach freien Plätzen aufsteigend
sortierten Liste aller Flüge, die in Berlin landen.";
flug =
    (from n in Flug.AlleFluege
    where n.ZielOrt == "Berlin"
    orderby n.FreiePlaetze
    select n).ElementAtOrDefault(149);
Print(flug, s);

s = "Geben Sie Anzahl der Flüge aus (mit einem LINQ-Statement!)";
i =
    (from n in Flug.AlleFluege
    select n).Count();
Print(i, s);

s = "Geben Sie die geringste freie Platzanzahl aus.";
i =
    (from n in Flug.AlleFluege
    select n).Min(n => n.FreiePlaetze);
Print(i, s);

s = "Geben Sie die höchste freie Platzanzahl aus.";
i =
    (from n in Flug.AlleFluege
    select n).Min(n => n.FreiePlaetze);
Print(i, s);

s = "Geben Sie die durchschnittliche freie Platzanzahl aus.";
d =
    (from n in Flug.AlleFluege
    select n).Average(n => n.FreiePlaetze);
Print(d, s);

s = "Geben Sie Summe aller freien Plätze aus.";
i =
    (from n in Flug.AlleFluege
    select n).Sum(n => n.FreiePlaetze);
Print(i, s);

s = "Gruppieren Sie die Flüge nach Abflugorten.";
IEnumerable<IGrouping<string, Flug>> GruppeErgebnis =
    (from n in Flug.AlleFluege
     group n by n.AbflugOrt);
Print(GruppeErgebnis, s);
```

```
    s = "Geben Sie die Häufigkeit eines jeden Abflugortes aus!";
    IDictionary<string, int> GruppeHaeufigkeit =
            (from n in Flug.AlleFluege
             group n by n.AbflugOrt into g
             select new { Name = g.Key, AnzFlug = g.Count() }
            ).ToDictionary(y => y.Name, y => y.AnzFlug);
    Print(GruppeHaeufigkeit, s);

    s = "Erstellen Sie eine gruppierte Liste aller Passagiere mit ihren
Buchungen!";
    var pass2 = from p in Passagier.AllePassagiere
                   orderby p.GanzerName
                   select new { p.GanzerName, p.Buchungen };
    foreach (var p in pass2)
    {
     Console.WriteLine(p.GanzerName);
     foreach (Buchung b in p.Buchungen)
      Console.WriteLine("\t" + b.Buchungscode);
    }

    s = "Erstellen Sie die Liste der zehn Passagiere mit den meisten Buchungen.";
    var pass = (from p in Passagier.AllePassagiere
                   orderby p.Buchungen.Count descending
                   select p).Take(10);
    Print(pass, s);

    s = "Erstellen Sie die Liste des/der Passagier(e) mit den meisten Buchungen.";
    pass = (from n in Passagier.AllePassagiere where n.Buchungen.Count ==
Passagier.AllePassagiere.Max(x => x.Buchungen.Count) select n);
    Print(pass, s);

    s = "Finden Sie alle Passagiere, die nach Rom fliegen.";
    pass = (from p in Passagier.AllePassagiere
               where p.Buchungen.Any(b => b.Flug.ZielOrt == "Rom")
               select p);
    Print(pass, s);

    s = "Finden Sie alle Passagiere, die genauso viele Buchungen haben wie ein
Flug freie Plätze.";
    var joinpass = (from p in Passagier.AllePassagiere
                       join f in Flug.AlleFluege
                       on p.Buchungen.Count equals f.FreiePlaetze
                       select new { p.GanzerName, f.FlugNr, p.Buchungen.Count,
f.FreiePlaetze });
    HeadLine(s);
    foreach (var j in joinpass)
    {
      Console.WriteLine(j.GanzerName + " und Flug " + j.FlugNr + " haben die
gleiche Zahl: " + j.Count + " / " + j.FreiePlaetze);
    }

    s = "Geben Sie alle Passagiere aus und optional dazu einen Flug, der
genausoviele freie Plätze hat wie der Passagier Buchungen hat.";
    var joinpass2 = (from p in Passagier.AllePassagiere
                        join f in Flug.AlleFluege
                        on p.Buchungen.Count equals f.FreiePlaetze
                        into Fluege
                        select new { p.GanzerName, Fluege });
    HeadLine(s);
    foreach (var j in joinpass2)
    {
      Console.WriteLine(j.GanzerName + " hat " + j.Fluege.Count() + "
korrespondierende Flüge!");
    }
```

```
s = "Geben Sie alle Passagiere aus, die älter als 50 Jahre sind!";
pass = (from p in Passagier.AllePassagiere
          where p.Geburtsdatum.AddYears(50) < DateTime.Now
          select p);
Print(pass, s);


s = "Geben Sie alle Flüge aus, mit Passagieren älter als 50 Jahre !";
Ergebnis = (from p in Passagier.AllePassagiere
              where p.Geburtsdatum.AddYears(50) < DateTime.Now
              from b in p.Buchungen
              select b.Flug).Distinct();
Print(Ergebnis, s);
}
```

40.4   Parallel LINQ (PLINQ)

Parallel LINQ (PLINQ, früher auch LINQ to Parallel) ist neu ab .NET 4.0. Es ermöglicht die Parallelisierung von LINQ to Objects-Abfragen auf mehrere Prozessoren / Prozessorkerne. Dadurch kann (!) sich eine Beschleunigung ergeben.

PLINQ ist realisiert in Form der Erweiterungsmethode AsParallel(), die auf einfache Weise in LINQ to Objects-Abfragen integriert werden kann.

Das folgende Beispiel zeigt eine einfache Abfrage mit Filtern (where) und Sortieren (orderby) über eine Zahlenreihe mit Einsatz von AsParallel().

Listing: Eine Abfrage ohne und mit PLINQ

```
/// <summary>
/// Massendaten filtern und sortieren mit PLINQ
/// </summary>
public static void LTOMassendaten_mit_PLINQ()
{

long AnzZahlen = 1000000;
System.Random rnd = new Random(DateTime.Now.Year);
List<long> Zahlen = new List<long>();
for (int i = 1; i <= AnzZahlen; i++) Zahlen.Add(rnd.Next(100));

long Summe = 0;
Stopwatch t = new Stopwatch();
t.Start();
for (int w = 1; w <= 20; w++)
{
 var q = (from x in Zahlen.AsParallel() where x < 50 orderby x select x).ToLis
t();
 Summe += q.Count();
}
t.Stop();
Console.WriteLine("Summe: " + Summe);
Console.WriteLine("Mit PLINQ  = " + t.ElapsedMilliseconds);


}
```

Die folgende Tabelle zeigt Messergebnisse, auch im Vergleich, wenn man AsParallel() weglassen würde.

Anzahl Zahlen	Ohne PLINQ – ohne AsParallel()	Mit PLINQ – mit AsParallel()
10000	50 Millisekunden	76 Millisekunden

| 100000 | 441 Millisekunden | 190 Millisekunden |
| 1000000 | 5132 Millisekunden | 1532 Millisekunden |

Tabelle: Ausführungsdauer von LINQ to Objects ohne und mit PLINQ, jeweils auf dem gleichen Rechner mit Intel Core I7 mit acht Prozessorkernen

> **Achtung:** Man sieht: Erst bei größeren Grundmengen lohnt der mit der Parallelisierung verbundene Zusatzaufwand!

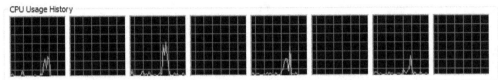

Abbildung: Auslastung von acht Kernen bei einer Abfrage ohne PLINQ

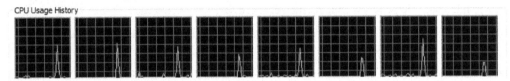

Abbildung: Auslastung von acht Kernen bei einer Abfrage mit PLINQ

> **Achtung:** PLINQ bessert auch Reihenfolgefehler aus. Dort ist
>
> ```
> from x in Zahlen orderby x where x < 50 select x
> ```
>
> genauso schnell wie
>
> ```
> from x in Zahlen where x < 50 orderby x  select x
> ```
>
> Ohne PLINQ dauert die erste LINQ to Objects-Abfrage bei 10000 Zahlen etwa doppelt so lange wie die zweite!

> **Tipp:** Bei Bedarf kann das Verhalten von PLINQ durch den Einsatz weiterer Erweiterungsmethoden beeinflusst werden. Wird zum Beispiel mit AsOrdered() festgelegt, dass die Sortierreihenfolge aus der Quelle erhalten bleiben soll, bringt dies im Zuge einer parallelen Abfrage etwas Mehraufwand mit sich und muss deswegen mit dieser Methode bei Bedarf angefordert werden. Mittels WithCancellation() wird darüber hinaus ein CancellationToken an die Abfrage übergeben, sodass deren Ausführung später abgebrochen werden kann. WithDegreeOfParallelism() gibt an, wie viele Tasks maximal für diese Anfrage verwendet werden dürfen. Standardmäßig werden so viele Tasks wie Kerne verwendet, die dann im Idealfall alle genutzt werden können. Kommt PLINQ zur Entscheidung, dass das Parallelisieren einer Abfrage nicht sinnvoll ist, so wird diese sequenziell ausgeführt. Dieses Verhalten kann allerdings mittels WithExecutionMode() beeinflusst werden. Im betrachteten Listing wird damit beispielsweise eine Parallelisierung erzwungen. Die letzte der verwendeten Optionen, WithMergeOptions(), legt fest, wie die Ergebnisse der unterschiedlichen Tasks kombiniert werden sollen. Mit FullyBuffered wird zum Beispiel erreicht, dass jeder Task sämtliche Ergebnisse in einen eigenen Buffer ablegt, wobei diese erst zum Schluss zur Ergebnismenge zusammengefügt werden.
>
> Lesen Sie unbedingt »When To Use Parallel.ForEach and When to Use PLINQ?« [MSDN39], sowie weitere Artikel der Website »Parallel Computing with Managed Code« [MSDN40].

Leider kann der Inhalt hier aus Platzgründen nicht wiedergegeben werden.

41 Syntaxreferenz: C# versus Visual Basic (.NET)

Für Umsteiger von Visual Basic .NET zu C# stellt diese Tabelle die wichtigsten syntaktischen Konstrukte direkt gegenüber.

Typdefinitionen	C#	Visual Basic

Namensraum	namespace de.ITVisions {
	…
	}
		Namespace de.ITVisions
		…
		End Namespace

Klasse	Class Klasse { … }	Class Klasse … End Class
Öffentliche Klasse	public class Klasse { … }	Public Class Klasse … End Class
Klasse nur innerhalb der Assembly sichtbar	internal class Klasse { … }	Friend Class Klasse … End Class
Partielle Klasse	partial class Klasse { … }	Partial Class Klasse … End Class
Statische Klasse (nur statische Mitglieder)	static class Klasse { … }	Module Klasse … End Module
Generische Klasse	public class Klasse<T1, T2>	Public Class Klasse(Of T1, T1)
Implementierungsvererbung	class C1 : C2	Inherits
Abstrakte Klasse	abstract	MustInherit
Finale Klasse	sealed	NotInheritable
Deklaration einer Schnittstelle	interface IXyz	Interface IXyz
Schnittstellenvererbung	class C2 : C1	Class C2 Implements C1
Anonymer Typ	var obj = new { Name = "World Wide Wings", Gruendungsdatum = new DateTime(2005, 01, 01), Vorstand = Vorstandsmitglieder };	Dim obj = New With {.Name = "World Wide Wings", .Gruendungsdatum = New DateTime(2005, 1, 1), .Vorstand = Vorstandsmitglieder}
Tupel	var dozent = (ID: 1, Name: "Holger Schwichtenberg", DOTNETExperte: true);	Dim dozent = (ID:=1, Name:="Holger Schwichtenberg", DOTNETExperte:=True)
Array	byte[] x;	Dim x as Byte()
Array-Größenveränderung	Array.Resize()	ReDim Preserve
Enumeration	enum name { a, b, c } enum name { a = 10, b = 20, c }	Enum name a b End Enum

Variablen und Literale	C#	Visual Basic
Wertlose Werttypen	Typ? Oder Nullable<Typ>	Nullable(Of Typ)
Variablendeklaration/ Attributdefinition als Field	Typ x	Dim x as Typ
Implizit typisierte Variable	var x = Wert	Dim x = Wert
Zeichenketten mit Escape-Sequenz	"Er sagte:\n\"Hallo Welt!\"";	"Er sagte:" & vbCrLf & """Hallo Welt!"""
Zeichenketten ohne Escape-Sequenz	@"c:\temp\daten.txt"	"c:\temp\daten.txt"
Einzelne Zeichen	char Wichtigkeit = 'A';	Dim Wichtigkeit As Char = "A"
String Interpolation	$"Er sagte am {Zeitpunkt:d}:\n{seineAussage}";	$"Er sagte am {Zeitpunkt:d}:{vbLf}{seineAussage}!"
Zahlenliterale	byte z1 = 123;	Dim z1 As Byte = 123
	short z2 = 123;	Dim z2 As Short = 123
	int z3 = 123;	Dim z3 As Integer = 123
	long z4 = 123;	Dim z4 As Long = 123
	float z5 = 123.45f;	Dim z5 As Single = 123.45
	double z6 = 123.45d;	Dim z6 As Double = 123.45
	decimal z7 = 123.45m;	Dim z7 As Decimal = 123.45
Datumsliterale	new DateTime(2014,12,24)	#12/24/2014#
XML-Literale	---	Dim x As XElement = _ <Flug ID="347"> <Abflugort>Madrid</Abflugort> <Zielort>Paris</Zielort> </Flug>
Zeilenumbruch	"\n"	vbCrLf
Zeigerprogrammierung (unsafe)	unsafe, &x, *x	---
Zeigerprogrammierung (safe)	ref int z = ref i;	---

Klassenmitglieder	C#	Visual Basic

Attributdefinition als Property mit expliziten Field	private string x;
	 public string X
	 {
	   get { return x; }
	   set { x = value; }
	 }
		Private _X as String
		 Property X() As String
		   Get
		    Return _X
		   End Get
		   Set(ByVal value As String)
		    _X = value
		   End Set

		End Property
Attributdefinition als automatisches Property (Automatic Properties/Auto-Implemeted Properties)	public Type Name { get; set; }	Public Property X As String

Methode mit Rückgabewert	Typ f()
	{
	…
	}
		Function f() as Typ
		…
		End Function

Methode ohne Rückgabewert	void f() {
	…
	}
		Sub f() as Typ
		…
		End Sub

Überladene Methode	keine Zusatzangabe	Overloads
Methode verlassen	return	Return
Methode verlassen und beim nächsten Aufruf danach fortsetzen	yield	Yield
Bezug auf Basisklasse	base	MyBase
Bezug auf aktuelle Klasse	Name der Klasse	MyClass
Bezug auf das aktuelle Objekt	this	Me
Konstantes Mitglied	const	Const
Methoden ohne Rückgabewert	void	Sub
Statisches Mitglied	static	Shared
Überschreiben einer Methode	override	Overrides
Abstrakte Methode	abstract	MustOverride
Versiegelte Methode	sealed	NotOverridable
Überschreibbare Methode	virtual	Overridable
Verdeckendes Mitglied	keine Zusatzangabe	Shadows
Konstruktor	public Klassenname() { … }	Sub New() … End Sub
Desktruktor/Finalizer	~Person() { … }	Sub Finalize() … End Sub
Referenz auf eine Methode	delegate	Delegate
Mitglied mit Ereignissen	---	WithEvents
Bindung einer Ereignisbehandlungsroutine	+= -=	Handles AddHandler RemoveHandler

Typen verwenden	**C#**	**Visual Basic**
Programm-Einsprungpunkt	static void Main(string[] args)	Sub Main(ByVal args() As String)
Klasse verwenden	new Klasse	New Klasse
Generische Klasse verwenden	new Klasse<Typ>	New Klasse(of Typ)
Anonyme Methoden	+= delegate(){ … }	---

LINQ-Abfrageausdruck	(from m in Menge where m.Feld < 1000 select m).Skip(1200).Take(10)	*From m In Menge Where m.Feld < 1000 Select m Skip 1200 Take 10;*
Lambda-Ausdruck	Func<string, int> f3 = s => s.Length;	*Dim f3 As Func(Of String, Integer) = Function(s) s.Length*
Blockbildung für Objekte	---	With obj ... End With

Datentyp	C#	Visual Basic
Ganzzahl / 1 Byte	byte	Byte
Ganzzahl / Boolean	bool	Boolean
Ganzzahl / 2 Bytes	short	Short
Ganzzahl / 4 Bytes	int	Integer
Ganzzahl / 8 Bytes	long	Long
Zahl / 4 Bytes	float	Single
Zahl / 8 Bytes	double	Double
Zahl / 12 Bytes	decimal	Decimal
Zeichen / 1 Byte oder 2 Bytes	char	Char
Zeichenkette	string	String
Datum/Uhrzeit	DateTime	Date

Operatoren Zeichenketten	C#	Visual Basic
Zeichenkettenverbindung	+	&
Operatoren Mathematik	**C#**	**Visual Basic**
Addition	+	+
Subtraktion	–	–
Multiplikation	*	*
Division	/	/
Ganzzahldivision	/	\
Modulus	%	Mod
Potenz	Math.Pow(x,y)	^
Negation	~	Not
Inkrement	++	---
Dekrement	--	---
Operatoren Zuweisung	**C#**	**Visual Basic**
Einfache Zuweisung	=	=
Addition	+=	+=
Subtraktion	-=	-=

Multiplikation	*=	*=
Division	/=	/=
Ganzzahl-Division	/=	\=
Zeichenkettenverbindung	+=	&=
Modulus (Divisionsrest)	%=	---
Bit-Verschiebung nach links	<< =	<< =
Bit-Verschiebung nach rechts	>> =	>> =
Bit-weises UND	&=	---
Bit-weises XOR	^ =	---
Bit-weises OR	|=	---
Operatoren Vergleich	**C#**	**Visual Basic**
Kleiner	<	<
Kleiner gleich	< =	< =
Größer	>	>
Größer gleich	> =	> =
Gleich	==	=
Nicht gleich	!=	< >
Objektvergleich	==	Is
Objektvergleich (negativ)	!=	IsNot
Objekttypvergleich	x is Klasse	TypeOf x Is Klasse
Zeichenkettenvergleich	==	=
Zeichenkettenverbindung	+	&
Operatoren Logik	**C#**	**Visual Basic**
UND	&&	And
ODER	||	Or
NICHT	!	Not
Short-circuited UND	&&	AndAlso
Short-circuited ODER	||	OrElse
Operatoren Bit	**C#**	**Visual Basic**
Bit-weises UND	&	And
Bit-weises XOR	^	Xor
Bit-weises OR	|	Or
Bit-Verschiebung nach links	<<	<<
Bit-Verschiebung nach rechts	>>	>>
Bedingungsoperatoren	**C#**	**Visual Basic**
Bedingungsoperator	Bedingung ? wert1 : wert2	IIF-Funktion und If-Operator
NULL-Sammeloperator	Objekt ?? wert1 : wert2	---
NULL-Bedingungsoperator	obj?.mitglied	obj?.mitglied

Typoperatoren	C#	Visual Basic
Typermittlung	typeof(obj) obj.GetType()	obj.GetType()
Typvergleich	k1 is Kunde	TypeOf k1 Is Kunde
Typkonvertierung	x as Klasse **oder** ((Klasse) x)	CType(x,Klasse)
Namensoperator	nameof(x)	NameOf(x)

Bedingungen	C#	Visual Basic
Einfache Bedingung	if (Bedingung) {...} else {...}	If Bedingung Then ... Else ... End If
Mehrfachverzweigung	switch (a) { case 1: ... break; case 2: ... break; case 3: ... break; default: ... break; }	Select Case a Case 1: ... Case 2: ... Case 3: ... Case Else: ... End Select

Schleifen	C#	Visual Basic
Kopfgeprüfte bedingte Schleife	while (c < 10) { c++; }	While c < 10 c += 1 End While
Fußgeprüfte bedingte Schleife	do { d++; } while (d < 10);	Do d += 1 Loop While d < 10
Zählschleifen	for (int a = 1; a <= 10; a++) { ... }	For a As Integer = 1 To 10 Step 1 ... Next
Mengenschleifen	foreach (int e in zahlen) { ... }	For Each x As Integer In y ... Next

42   Quellen im Internet

Projekt für das Design der Programmiersprache C#:

https://github.com/dotnet/csharplang

Projekt für die Implementierung der Programmiersprache C#:

https://github.com/dotnet/roslyn

Versionsgeschichte der C#-Sprachsyntax

https://github.com/dotnet/csharplang/blob/master/Language-Version-History.md

Versionsgeschichte des neuen C#-Compilers

https://github.com/dotnet/roslyn/wiki/NuGet-packages

.NET-Entwickler-Lexikon

http://www.dotnet-lexikon.de

43   Stichwortverzeichnis (Index)

44 Werbung in eigener Sache ☺

www.IT-Visions.de®

Dr. Holger Schwichtenberg

Wollen Sie mehr wissen?
Stehen Sie vor wichtigen Technologieentscheidungen?
Brauchen Sie Unterstützung für Windows, Linux,
.NET Framework, PowerShell oder Web-Techniken?

▸ Beratung bei Einführung und Migration
▸ Individuelle Vor-Ort-Schulungen
▸ Vorträge
▸ Praxis-Workshops
▸ Coaching
▸ Support (Vor-Ort · Telefon · E-Mail · Webkonferenz)
▸ Entwicklung von Prototypen und kompletten Lösungen

Kontakt:
Dr. Holger Schwichtenberg
Telefon 0201/649590-0
buero@IT-Visions.de

Bücher und Dienstleistungen: **http://www.IT-Visions.de**
Community Site: **http://www.dotnetframework.de**

www.ingramcontent.com/pod-product-compliance
Lightning Source LLC
Chambersburg PA
CBHW080417060326
40689CB00019B/4277